活字文化
Moveable Type

李保田

自说自画

生活·讀書·新知 三联书店

Copyright © 2022 by SDX Joint Publishing Company.
All Rights Reserved.

本作品版权由生活·读书·新知三联书店所有。
未经许可，不得翻印。

**图书在版编目（CIP）数据**

自说自画：李保田/李保田著．—北京：生活·读书·新知三联书店，2022.3
ISBN 978-7-108-07166-8

Ⅰ.①自… Ⅱ.①李… Ⅲ.①李保田-自传②艺术评论-文集 Ⅳ.① K825.78 ② J05-53

中国版本图书馆 CIP 数据核字（2021）第 207318 号

| | |
|---|---|
| 特约编辑 | 刘盟赟 |
| 责任编辑 | 卫　纯 |
| 装帧设计 | XXL Studio 刘晓翔 + 彭怡轩 |
| 责任印制 | 宋　家 |
| 出版发行 | 生活·讀書·新知 三联书店 |
| | （北京市东城区美术馆东街 22 号 100010） |
| 网　址 | www.sdxjpc.com |
| 经　销 | 新华书店 |
| 印　刷 | 天津图文方嘉印刷有限公司 |
| 版　次 | 2022 年 3 月北京第 1 版 |
| | 2022 年 3 月北京第 1 次印刷 |
| 开　本 | 720 毫米 × 1020 毫米　1/16　印张 14.75 |
| 字　数 | 90 千字　图 280 幅 |
| 印　数 | 00,001-10,000 册 |
| 定　价 | 79.00 元 |

（印装查询：01064002715；邮购查询：01084010542）

图书策划　活字文化 Moveable Type

1 形在言中——李保田自述

45 言在画外——李保田画作管窥

105 画外之艺——雕刻与剪纸

129 杂说·絮语

后记 197

附录：我熟悉的李保田 203

213 出版说明

# 形在言中

## 李保田自述

小时候，我并不是个灵秀聪明的孩子。母亲说我曾经胖而好玩、憨态可掬。贪玩好奇自不必说，这是小男孩的常情，却透不出日后离家出走、多年流浪的征兆端倪。

我五岁那年，厌烦了幼儿园的单调乏味，趁人不备，一溜烟儿跑到了离家不远的街上，东游西逛，饱看街景。那是个星期天，我头一次觉得没人管真好。

逛累了我就蹲在路边看那些大孩子玩儿弹球。玲珑剔透的球儿在地上美妙地滚动，我两眼直直地盯住那些尤物，却不料幼儿园、父亲单位、家里上上下下早已沸反盈天。天渐渐黑了，我浑然不觉。突然有人从背后狠踹了我一脚——是父亲，他暴怒地揪住我的耳朵，将我从地上拎起来。

当晚回到幼儿园，所有的人不约而同从小床上坐起来，

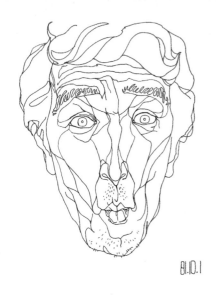

猫头鹰一般雪亮的眼睛怒视我。一霎时,我发觉自己第一次成为异类,成为众矢之的。平时藏在枕头下的小玩意儿全都不翼而飞,被那些满腔正义的小朋友瓜分掠夺了去。从那时起我开始纳闷儿,为什么凡人总把自以为稀罕宝贵的小东西放在枕头底下。大概是把它们看得和自己的脑袋一样重要,需时时挨着,甚至还要带进梦里去。

那时我就很有特立独行的气质,极少与别人一起玩。这种自我意识在家里,尤其在父亲面前更是频频受挫。

弟弟们陆续降生,我渐渐失宠,没了逗人喜爱的样子,竟至变得细瘦难看。三弟的小脸细皮嫩肉,着实招我嫉恨,我像一只好斗的公鸡一样欺负他,那时候他最受宠,却成为我的攻击目标,于是他那张细白粉嫩的娃娃脸经常哭得一团模糊。

父亲原本不是平和的性子,我加诸弟弟们的暴行常令他愤怒难耐。父亲又是彻头彻尾的旧式父亲,陶醉于多子多福的虚荣。几乎每个星期天,他都带着孩子们上街,左手领着,右手抱着,身前围着,身后跟着,举家出动,浩浩荡荡,好不威风。父亲脸上时常洋溢着骄傲的光彩,引人羡慕。而我的顽劣却常使父亲的自豪大打折扣，我被规劝、责骂、哄骗着跟他们出去，却不是超前二十米，就是落后二十米。

小学四年级结束时，我数学不及格，补考再次不及格，便留级。父亲说，行，不给你买书了，用你的旧书吧。我上哪找旧书去？课本都烂了，都让我撕咬成椭圆形的了，上面还画了好多的刀枪剑戟、武侠人物，课文内容都不全了，这使我比同学们矮了三分。因为留级，我在班里面大一岁，个头比别人高一截，这可不是鹤立鸡群的感觉，而是羊群里出了一头驴的感觉，又让我觉得矮人三分。严重的自卑心理让我更没有心思好好学习了。

老师把我当作学习态度不端正的活样板，常叫到讲台前罚站。久而久之，老师和我都习惯了，以致有一天这种习惯成了自然——老师忘了叫我放学回家。我就一动不动地站在教室里看着漫天的雪花出神，直到母亲到学校来找我，已经是晚上七点多钟了。

父母认为老师这种教学方法有欠妥当，写了一封"人民来信"给学校，他们不知，这一举动竟然使他们的儿子在学校成了"人民公敌"，被学校里所有的人挖苦、嘲笑。老师们要么十天半月也不提问我一次，要么就是几科的教师轮番教训我。久而久之，我也就习以为常了，于是得一外号——橡皮脸。

到了晚上，我就在剧场门口混，捡中途退场的观众的票根，我进去再看最后的半个小时、二十分钟。回到家十点左右了，就睡了。那时候我母亲上补习班学文化，这个时间还没回家。就这样疏于管理又混了一年半，我终于混不下去了。

小学六年级那年的冬天，江苏省戏曲学校与江苏省文化干校来徐州招生。我背着父亲，领了一个弟弟去报名。

考试的时候，我竟然表演得活灵活现、活泼乖巧。我和弟弟很快都接到了录取通知。通知上要求2月24日晚上大家集合一起坐火车去南京。

我终于嗫嚅着告诉父亲我要去学戏，不再念书了。父亲一如想象中的大怒，暴打了我一顿。

我父亲省吃俭用，但他从不在熏陶孩子上省钱，经常给我们买连环画（小人儿书）。那个时候还有电影月票，电影院里大都是稀稀拉拉的观众，普通的电影没有多少人看，父亲不看，我就去看。家里墙上挂的京胡是我父亲年轻时的玩具，他身上有艺术细胞，喜欢戏，尽管我没听他唱过，也没看见过他拉胡琴，但还是有点潜移默化的影响，或者说有点遗传吧。我偷偷考完戏校后，父亲知道了，就把我打得跑了，不敢回家。他是老革命，不愿意我以唱戏为职业。我就拿着一大沓电影票去电影院待着，没有场次看了，就满街溜达。最后实在没办法了，父亲母亲就只好放行让我去戏校。

我父亲不画画，但是他会买一堆粉笔，让我们几个孩子在掉了漆的木地板上乱画，然后保姆擦干净，再画，再擦。我们兄弟几个开始就是这样学画画的，后来我们兄弟五个竟然有两个半专业从事绘画，我算半个。

我父亲的字写得漂亮，他手勤，手巧，给我们缝衣服，家里还有全套的掌鞋工具，我们四五个男孩子的鞋，全他做。

这说明他巧,同时也说明他省吃俭用,能干的都自己干。

离集合的日子还有一天,我兜里揣着父亲给我们弟兄买的电影月票,在街上晃荡。一天下来,看了四五场电影,最喜欢的那部《大闹天宫》,我已经倒背如流,又看了一遍。

第二天,我简单地收拾了行装,离开家,到南京去了。那是1960年,我十三岁。

至今我仍不能确定,去学戏和在学校里念书,到底哪个会更有利于我的后来。

南京的日子全不如想象的多姿多彩。我原本喜欢京剧,现在却要学柳子戏。南昆北弋,东柳西梆。柳子戏乃是一个濒临失传的民间剧种。戏班里的师傅来源于民间,从没有进过科班,也就是高级戏迷、票友的水平。当我表达了想学京剧的愿望时,团里的人有些愤怒地说:"这孩子竟然看不起我们的柳子戏!"

我终究没能学唱京剧,却留下"小看柳子戏"印象。分科的时候,我选择了学"丑"行。戏台上"丑角"机智、活泼、滑稽、俏皮,讨人喜欢,我不知道自己是不是因为一直渴望讨人喜欢才选择了学"丑"。我的师哥当时已经二十岁,是团里的青年演员,自从我报了学"丑"行,他便视我为挑战者。

不久母亲到南京出差来看我,她流着泪劝我回去念书,我拒绝了,心里却

几乎承受不住母亲的伤心流泪。母亲将一块绣着小花的白手绢给了我，我一直将它视作温馨母爱的象征，后来这块手绢成了我师哥一条裤子上的裤兜胆。

两个月后，我们从南京来到徐州郊区的乡下，那一阵忽然想家想得不行，于是在一个星期日的上午我硬着头皮回了家。

记得父亲的第一句话是"你什么时候被剧团刷下来，回家上学还来得及"。父亲知道戏班里的学员需试用三个月才成为正式学员，这是劝我回心转意、弃暗投明的最后机会。

我一直闷头不语，父亲似乎心中不忍，给了我两块钱，叫我带上两个弟弟去看电影。

街上没有电影可看，想起兜里的两块钱，我灵机一动，对弟弟们说："你们回家吧，我直接回团去。"

那已是饥饿的年代，疲劳不堪的练功和稀少的饭食使我无法拒绝两块钱的巨大诱惑，我将钱花得精光，买了久违的几种零食，高高兴兴地回团。

第二个星期天早晨，在团里吃过早饭，我领了一天的粮食——两个馒头，装在提兜里回到家。父亲不在，我暗自侥幸大家都没有提及那两块钱。然而父亲回来后，劈头就问："那两块钱呢？"我慌了，却不知如何对答。"你那两块钱呢？"父亲又问。我真想告诉他自己怎样花了那两块钱，但那对于我是很难堪的事，于是我不甘示弱地说："我以后还给你就是。"父亲暴跳如雷，抬脚便踢，我撒腿就跑，两个馒头忘在了家里，我身无分文。

从此一直到父亲去世,我再没回过家。

我不喜欢社交,比较孤僻,这跟性格有关,而孤僻的人一般比较自卑,比较羞涩。我成长的剧团环境,加重了我孤僻、自卑,又自负的倾向。

问题出在全团成员与我的关系上。

1960年我进入剧团,正是三年困难时期。全团其他的孩子都是农村来的,就我一个是城里的,于是他们一帮挤对我一个。我很孤立,也因此加强了自卑心理。老师们也都不喜欢我。老师也是农村来的,老戏班儿的恶习他们身上都有。农村来的孩子在困难时期能给老师送点家里捎来的东西,我什么都送不了。我是从家里跑出来的,几乎与家里断绝了关系,所以我无法从家里拿东西送给老师,自己更没有钱买东西。

夏天来了,我在这个充满敌意被人奚落的氛围里却有一件令乡下孩子眼馋的好东西——一顶雪白的单人蚊帐。那是我从家带来的。师哥说:"我来挂蚊帐。"于是我的好东西就成了他的。这并没有使我怨愤不平,因为尊敬师长是戏班的规矩,我自然应无私奉献。况且师哥大我七岁,对他依顺似乎天经地义。乡下的蚊虫多,师哥在蚊帐里睡得香甜,我在帐外被蚊虫疯咬,但我并不十分难受,我想师哥如果隔了帐子看我,我不是也在帐中吗?

夏天过去了,师哥将蚊帐塞在木板箱里。第二年他将蚊帐还给我,蚊帐不再是白的了,而且不能再用了。老鼠在蚊帐里做了窝，咬了无数的窟窿。

不能同师哥建立甘苦与共的关系着实令我苦恼了好长一阵，虽然我牺牲了蚊帐和母亲送我的手帕，仍于事无补。学习不得要领的时候，师哥经常夸张地将我的败绩学给别人看。

我的师父是个善良的老人，团里的副团长，是那几年唯一善待我的人。他不像别人的师父那样要求弟子俯首帖耳地伺候他，例如端尿盆一类。但是假如他要求，我一定心甘情愿的。

师父没有多少文化，老婆孩子都在农村。他内秀而寡言，平日里全然看不出演戏人的神采，然而一到台上，他的周身便会散发出令人眼睛发亮的光彩。

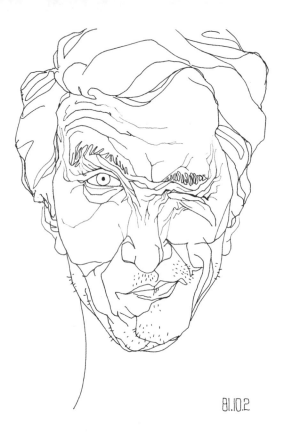

师父年轻时也有过惊天动地的壮举。日本鬼子侵略的时候，全村的男女老少都吓得满山遍野乱跑，其实只有一个日本兵。老实巴交的师父居然把这个日本兵干掉了。团里的人尽数了他的窝囊老实之后，常常说起这一段。我没有问过他，日本兵端着枪，他是怎么得手的。

关于他的事，我从不刻意记住，但是一想到那段日子，就必然想起他。于是，一桩桩一件件越发清晰，到今日竟成了不可磨灭的烙印。

师父只打过我一次。

团里有一个长我们几岁的孩子,是个少年恶霸,欺负所有比他弱小的学员。大家敢怒不敢言,却暗下决心报复。一日他不在团里,我提议大家轮流往他的饭盆里撒尿,我先来,然后大家都来。那些人说:好!我于是开了先河,却再也没有第二个来续。当天下午便有叛徒告状,我自然得了应有的报应。他先打了我,又去找团长告状,我成了民愤极大的恶棍。他们哄闹着将我往厕所里推,要将我的头按到便池里,这时师父抢上前来踢了我几脚,接着大声训斥我。众人渐渐没了言语,师父的用意在平息众怒,使我免受更多的委屈伤害。

1961年夏天,许多人都有了梦寐以求的蚊帐,那一年不知犯了什么邪,全团的人几乎都染了疟疾,打摆子。不知是惯常的蚊虫叮咬反而增强了我的免疫力还是什么别的缘故,这回我竟安然无恙。

师父已病了四十多天,每日打针吃药仍不见好转。病中的师父愈加寡言,他的静默莫名地增添了我的恐慌。

那天下午,四点钟的太阳依然灼热,我看见坐在水龙头旁边的师父,他将双脚伸进池里,用凉水不停地冲。他一动不动地坐着,仿佛感觉不到流动的水溅湿了自己。我跑去摸摸他,都被他滚热的身体烫得缩回手来。我说,"别冲了,回屋躺着吧。"师父就这样呆呆地被我扶回了房间。

七点我再去看他,他红得可怕的眼睛着实让我乱了方寸。我喊来师哥,师哥问他一些话,他什么也说不出来,我们又去找团长,团长说快送医院。

我和师哥找了辆板车。我光着脚,只穿着短裤(那些年如果不是御寒的必需,我身上不穿多余的东西,因为没有多余的东西可穿)。师哥拉着车,我扶着车把,两个人在铺满细石子的马路上气喘吁吁地跑,只感到脚底被路面上的石子硌得生疼。

一直跑到三站路以外的一家小医院,我至今记着它叫"第三医院"。天将黑了,我们叫出值班的医生,他用职业性的目光看看师父说:"这个病人我们救不了,你们得到大医

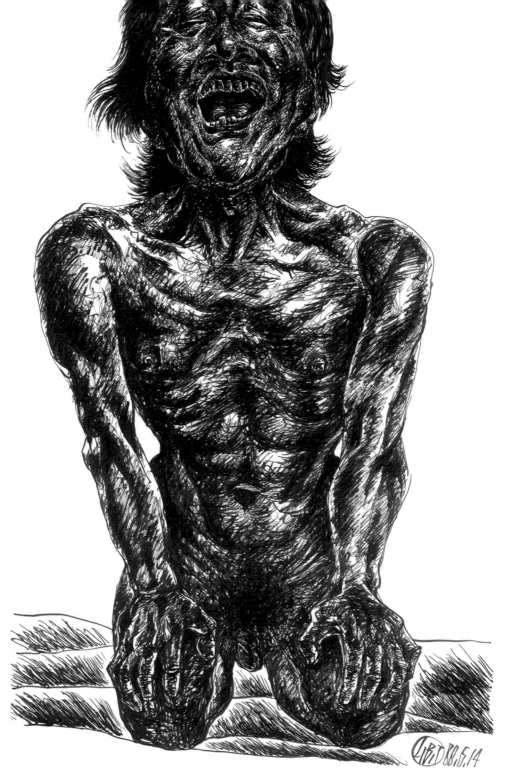

《苦之笑之》钢笔

*Bitter Laughter*, pen

自说自画:李保田

形在言中——李保田自述

这张自画像是拍摄电影《菊豆》期间画的，眼神是忧郁的，跟我出生一百天时的照片的眼神有些相似。

拍摄《菊豆》时我的情况基本上是向上走的，但是也有不高兴的时候，虽然在努力着，但是不知道未来会怎么样，工作、事业、艺术都看不到清晰的未来，况且"向上"本是没有满足的。比方说，参加《菊豆》的拍摄就比不参加要快乐得多，但这只是阶段性的快乐，并不等于真的彻底的快乐了，这是不可能的。

后来有人画了很多咧着大嘴傻笑形象的画，还做了很多雕塑。我这个更早一些，我说它是当代的"哭之笑之"。但是我没有让这个东西发展成系列、个人风格。为什么？因为我觉得画完一张表达了一种精神就完了，就不想再重复了，我不需要这种重复。别人会把一类东西系列化后变成自己的符号性的风格，这样有利于名利，还可以变成衣食父母，但我要的就是一时的精神愉快，我完成了一个，内心的块垒吐了出来，就完了，再有块垒，再继续寻找别的表达的可能。

《自画像》钢笔
*Self-Portrait*, pen

自说自画：李保田
形在言中——李保田自述

这幅可以说是罗丹的《思想者》的变种。中国人认为,人是用心来想的,心是空的,没有心,哪有想啊?这就形成了一个矛盾体。无心恰恰就是无头脑。而现代科学证明,思想和心是有关系的,不完全是头脑的功能。

《无心》钢笔
*Hollow*, pen

《马人》作品所表达的情绪，是对处境的不满。一方面是无奈，一方面是咬牙切齿的冲锋。

我当时的心情很不愉快。这种限制，那种限制，令人不舒服，不自由。

我当时没有地方住，就住在办公室，想吃个愉快的饭都吃不成，永远是精神的和胃的饥饿，想占有一本布德尔、马约尔或罗丹的画册都是不可能的，想从图书馆借出来仔细翻阅都是不可能的，都是奢望，都是梦想。

《马人》就是对这种穷困悲惨处境的一种抗议，或者说叫企图挣扎。这个手势是在骂人。马人这个形象，是希腊神话里面动物性走向人性过程当中的一个阶段性的隐喻，是人性和兽性的合体。

20世纪70年代末在中央戏剧学院上学期间，讲到麦克白的时候，讲了人性与兽性的挣扎、善与恶的挣扎。在这期间我又看到了罗丹的学生安东尼·布德尔的画册，里边有一个马人的雕塑，它前腿还挺着，后腿已经坐下了，就像狗一样。马背上有一个竖琴，它一只手已经垂在了竖琴上，一只手还在后边支撑着，脑袋也已经垂下来了，濒临死亡的状态。它表达的是人性企图脱离兽性的挣扎——疲劳，两败俱伤。我很喜欢这个怪异的形象，并对人性和兽性共存的问题感兴趣。

那是1988年之前，中国社会处于蓬勃发展的时期，但极左思潮还很有市场，人们的思想还有很多困惑，行为、言论也有很多的不自由。不像现在，我们的精神、思想自由了很多，这个是不可能再倒退回去了。

《马人》钢笔
*The Centaurs*, pen

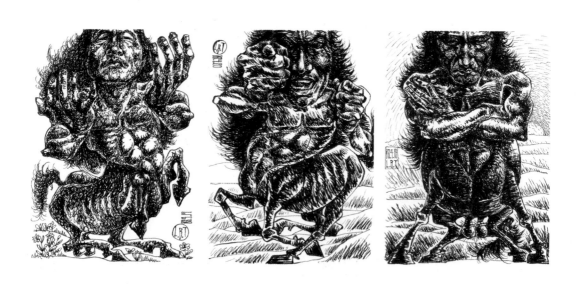

这组《等待戈多》表达的情绪是"快乐之后的不快乐"。这是1989年之后的作品。

那段时间我很消沉，一段时间几乎没画画。对未来的希望有着渺茫的感觉。

《等待戈多》的剧作者也没有给出"戈多是什么"的明确答案，但等待是普遍的，是绝对的。"戈多"是个什么呢？没有统一的答案。我想，人从生下来就在等，可以说是等待厄运，等待幸福，等待明天，等待死亡……总之，就是等待未知。

人活着就要等，就要企图改变自己。你上学的那一天就是开始等待毕业的那一天。所以，等待也是对自己未来的一种恐惧和希望。对失败的恐惧，对成功的希望，是纠葛在一起的。

等待是困惑，等待是常态，等待很复杂，这恰恰就是《等待戈多》的核心，很有哲理性，所以作者得了诺贝尔奖。

艺术往往是逼出来的。在弗洛伊德那里，鞋有着女性生殖器的暗示。穿鞋可以是性交的一种暗示。所有带口的，带窟窿的，带洞的，都可以变成性暗示，大海螺当然也是。所有柱状的，也都可以是性暗示。我的等待，也是一种自我逼迫。

鞋子还暗示着生存处境的狭小。等，不就是要改变这种处境嘛。鞋子既狭小，又臭烘烘的，就是希望改变这种处境。而等待中就有"想""猜""望""疑""思""听"……

《等待戈多》组画 六幅 钢笔——《听》
*Waiting for Godot series*, six paintings in pen: Listen

《等待戈多》组画 六幅 钢笔——《望》
*Waiting for Godot series*, six paintings in pen: Hope

自说自画：李保田
形在言中——李保田自述

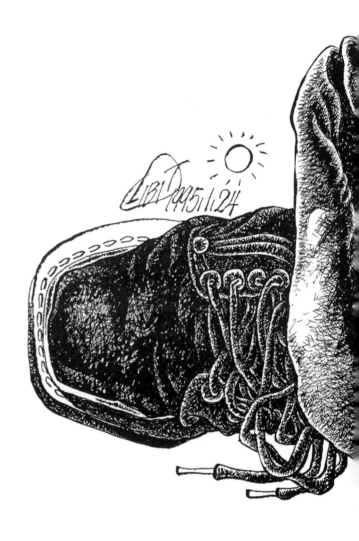

《等待戈多》组画 六幅 钢笔——《思》
*Waiting for Godot series*, six paintings in pen: Think

自说自画：李保田
形在言中——李保田自述

《等待戈多》组画 六幅 钢笔——《猜》
*Waiting for Godot series*, six paintings in pen: Guess

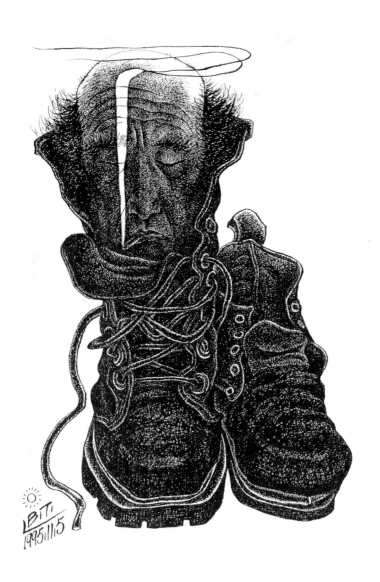

《等待戈多》组画 六幅 钢笔——《等》
*Waiting for Godot series*, six paintings in pen: Wait

《等待戈多》组画 六幅 钢笔——《疑》
*Waiting for Godot series*, six paintings in pen: Doubt

院去。"惊慌混乱中，他的镇定给我们以错觉——大医院能救我师父。我们拉着车一口气又跑了七站路，这回我的脚也似乎不疼了，大医院到了，我的心狂跳着，仿佛幸福即将来临似的极度紧张。

几分钟之后，师哥沮丧地跑回来说，需要交二十块钱的押金做抢救费。二十元，我们一个月的生活费才只有十块五毛钱，而此刻我们都不名一文。

师哥又进去央求医生救人，我下意识地看着师父。我不知对他说了什么，只记得不论我说什么他都轻轻摇头。他的眼神充满焦虑、欲言不能的急躁。在昏暗的路灯下，我还看到了叫我深感陌生和惊讶的东西——一个将死的人对自己就要离开尘世的预感。我恐慌、绝望而无可奈何地看着师父，直觉得那双眼睛里也是一片恐慌绝望和无可奈何。

不知站了多久，师父的眼神仿佛又在哀求，眼里似乎有一双手扯住我求救。最后，这求生的本能连同生命一并离开了他，那双眼睛再也不传达任何情绪，空洞、呆滞、无神。

师父离开这个世界的时候，只有我一个人在他身边。这么多年来，想到这一幕，耳畔就响起一个声音：师父是在你手里死去的。那是无情的天命对贫穷无力的人发出的责难和嘲弄，那或许只是我自己心底的回声，却每每使我那些轻飘的成就感、自豪感和虚荣心碎成粉末。

师父死的时候，我依然是团里最惹人忌恨、受人欺负的人。不仅如此，我大概还是最让他操心却最没出息的徒弟。这种惭愧的折磨有时甚至胜于他的死留给我的负罪感。师父死了，死在我手里，怀着对我的失望。这失望因他生命的完结变成不可更改的永恒印象。

我艺术生涯中的首场演出留下了彻头彻尾的失败记录。那时候师父还活着。师哥作为后起之秀接过师父的衣钵，饰演师父生前的角色。而师哥先前的角色便过继给了我。我知道消息后失去控制地大喜过望，觉得卧薪尝胆的日子终于到了尽头，伸冤雪耻的时刻就要来了。我设法向我的两个弟弟放出卫星，让他们到时来看我在台上如何大放异彩光宗耀祖。

我饰演的角色在那出戏里无足轻重而且十分短命——上台后，我念完两句台词，就被周围的武士用刀剑胡乱"砍死"。就此我划时代的处女演出也就完成了。那是个没有姓名的角色，不会给人留下印象，仿佛是只为了这出戏的传统正宗而自然沿袭的一道程序，就像人的阑尾一样无关紧要，或者好比传统名菜里说不出名字也品不出味道的一种调料。

尽管如此，我还是砸了台。那天一出场，我就忘了台词。这一来，周围的武士们同仇敌忾，结结实实地对我刀剑相加。我绝望地趴在台上，任他们横砍竖杀，然后将"尸体"拖到后台。

我不知弟弟们是否认出了我，我暗暗希望他们干脆没来看戏。但师父一定因我出丑感到脸上无光。没过几天，他就得了疟疾。那两句台词就那么被遗忘了——到现在我也没想起来。

我的第二个角色是在折子戏《程咬金打店》中演那个倒霉的店家。流氓无产阶级代表程咬金吃了饭却拒绝买单，非但如此还痛打了店家。这一回为防止悲剧重演我做了充分准备,除睡觉之外,我总是默念着那几句性命攸关的台词:"忽听老客叫,慌忙就来到,上前拉住马——"

戏开始了,我立在幕边。程咬金在台上叫"店家——"

我身子虚飘飘的,腾云驾雾般上了台,做了一个拱手的姿态——老天,我又忘了台词!我拱手站在那儿,那一霎仿佛不知站了多少年。随后我头晕眼花,站立不稳,不是要向前栽,就是要往后仰。忽然间天外飞来的神示使我灵醒,上苍有眼,我脱口而出"慌忙就来到——"

这一句"慌忙就来到"从根本上拯救了我,否则这辈子我可能永远是个跑龙套的了。我一心想成"角儿"这一念头使我疯狂使我绝望。我每天发狠练功,咬牙切齿,残酷无情,简直到了自虐的地步。

那时正是困难时期,是吃过饭用舌头舔净饭碗、吃过鱼将鱼骨拾回碗里用开水冲泡"鱼汤"的年代。我们做学员的

每月原本应发的十二元生活费，也被团长和会计喝血似的贪污掉一块五毛。四年下来，积少成多，他们总共从我们十几个孩子身上克扣了一千余元。

每个月我们每人有三十三斤粮、一两油、一两肉。我时常一顿便吃掉一天的定量。过度练功的疲劳和营养不良使我头晕目眩，"打飞脚"腾空跃起的时候经常失去平衡摔在地上。每个月总有七八天没有饭吃，整天躺在床上"挺尸"。实在饿得不行了，就向时常能够得到家里接济的农村学员借地瓜干，掰成指甲大小，投进暖瓶"水发"。到下月初再用粮票偿还。如此寅吃卯粮，常有惊人的亏空。有一年到了春节光景，我彻底破产——除了一片带皮的熟肉，我没有一两粮票。那片肉是我的"年货"，春节期间的全部给养。

后来有几个人饿得起不了床，根本无法练功。那几天剧团去外地演出，留下两个教师和十几名学员。我们饿得失魂落魄，练功时提不起精神，一招一式走了样，师傅就打我们。这下激起民愤，大家都不去练功了。

一天早晨醒来，我俯身到床下找东西，借着天光发现一只小黑老鼠在透风的墙洞里逆着阳光梳洗打扮。我停住手同它对视,心里充满愉悦的喜剧感。我"嘘"一声,它倏地溜了。那些天躺在床上,只要一低头,总能看见它,它成为一个特定的风景。我同它对视,那情形仿佛是在默契中嬉戏较量。它似乎认得了我,再"嘘"它,它也不溜。

那个年代我也体会过酒足饭饱。那年剧团在山东鱼台县演出。我们一干人之所以到了山东,原因很简单:当地的一位副县长情有独钟爱听柳子戏。演完了戏,我们到县委机关食堂会餐。那顿饭居然有酒,正是那顿饭让我知道了酒为何物。

酒是用酒精兑葡萄汁再加白酒混合成的。桌上有肥肉和别的菜,还有一两一个的白面馒头。戏子们高兴极了,大快朵颐,许多人吃了十几个馒头,还不停地往嘴里揣。

饭桌上的人开始互相灌酒。从没沾过酒的我喝了整整两大杯,从头醉到脚。随后我被拖到外面醉死在雪地上。我最后的知觉是银白的雪。仿佛深入了雪的灵魂淹没在雪的清凉润泽之中,那种窒息的感觉是温柔神秘的。

就在这年冬天,团里破天荒买了八斤豆子发给我和另外一个人作困难补助。这四斤豆子和那句"慌忙就来到"的台词从某种意义上说具有等值功效。它们分别从物质和精神两方面使我起死回生。那时我浮肿得厉害，眼睛成了一条线，总是睁不开。

1966年，上海的一位叔父来徐州时到剧团看我。他吃惊地看着我床铺上的褥子没有棉花，只在两层布之间垫着稻草。他用手捻捻被子的厚薄，没想到那床被子糟朽不堪一捻就破了一个洞。身份尊贵的副军级叔父当时流了泪，大概是感到了负疚。我曾经写信请求他帮助，他语重心长地回信给我以思想上的教育，却丝毫没有解决我的困顿饥饿。

时至今日我仍庆幸自己活了下来，没偷没抢地活了下来。

我不知究竟是什么抑制了我本能里深藏的恶的冲动，或许是师父的死，或许是自己梦想成"角儿"的野心，或许正是人性普遍存在的恶本身。

离家的那几年我习惯了独处。夜间露宿时，在土墙与幕帘之间摊开行李，看着星星入睡，漆黑的夜色包围着我，广阔而安全。就在一次去外地演出的时候，我害了病，持续高烧整整一个月。

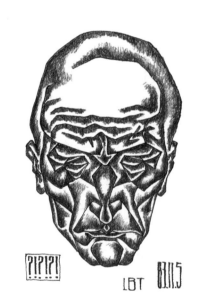

白天体温正常，夜晚浑身发烫。我没找医生，每天晚上独自在一个角落躺下，看满天的星星谶语似的闪烁，我头一回想到了死，想着自己可能就这样看着星星在这个角落里静默地死去，心中恐惧却依然不动声色。

后来团长派女秘书带我先回了徐州。她将我送到剧团便去会朋友了。我在空无一人的过道里放下单薄的行李躺下来竟睡着了。

醒来的时候我竟然在医院的一间大病房里。同住的是糖尿病人和心脏病患者。我被诊断为伤寒。

就在这家医院里，还住着我的一个亲人，那是我久别未见的父亲。

我依稀记得徐州的家里有一把胡琴，寂寞地挂在墙上，好像从来没人动过，我猜那应该是父亲的。

父亲去世后，我时常怀着强烈的思念，渴望以我和他之间特有的一种方式与他亲近。在想象中我听到那把胡琴咿咿呀呀的声音渐渐近了，是旧戏里的曲调，有板有眼，抑扬顿挫。父亲不老也不年轻，平和无言地看我。我想这便是我们父子间最温和最理想的对话方式。在不知名的熟悉曲调和冷旧的氛围中，我同父亲达成和解。由于内心的渴望，我在想象中不断完善着这情境。

父亲是农民的儿子，1938年参加八路军，后来在地方做干部。在父亲心目中，求学上进才是正道，跟着一群民间盲流当戏子，实在丢人现眼，有辱门风。

我别家不归的那几年，母亲作为卫生系统的干部，时常

率医疗队奔波在乡下。父亲一个人照顾四个弟弟,终于积劳成疾。

普通病房和高干病房之间隔着一个病区,那便是我和父亲之间的距离。有许多日子我们互不往来,好像彼此都期待着对方的妥协。

一天中午,我正睡着,觉得有人在将我发麻的手臂放平。我睁开眼睛,父亲正俯身看我。见我醒来,父亲的眼圈一红。我呆望着他,他直起身转身就走。我抑制不住哭了。这是我离家出走几年来第一次见到父亲。

第二天我去了父亲的病房。他坐在沙发上一动不动,不看我也不说话。这以后我的胆子渐渐大了,常去看他;父亲也逐渐关心起我,问我是不是还在看书学习,有什么长进。我老老实实一一作答。有一天我拿了日记去看父亲,向他展示自己的雄心大志。日记中的一页上写着:"爸爸,你不要瞧不起我,等我将来成了大演员,我要爸爸来接成了大演员的小李保田回家。"父亲看后将日记本摔到墙上,诅咒似的说:"你成不了大演员!"

父亲的话如同一记鞭子抽在我脸上,我再也掩藏不住自卑和无望的情绪。在柳子剧团已经待了五年,前景仍然一片黯淡。于是我想在自己混出人样之前是没脸再见父亲了。

一九六六年初，正当戏剧改革、社教运动大张旗鼓之时，我意外地得到父亲病重住院的消息。

二月下旬的一天，我穿着破旧的棉衣棉裤去医院看了父亲。不知为什么，父亲那天同我说了很多话，并嘱咐说："你是老大，将来好好照顾妈妈和弟弟。"而后父亲竟流了泪。那是我成年以后父亲第一次这样温和平静地同我谈话，那也是我唯一一次见到父亲流泪。

第二天中午，我忽然心慌得不行。赶到医院，离探视时间还差二十分钟，守门人拦住我，我看着自己破旧的衣裳，羞于向他说明自己是李勇的儿子。无奈的我只好去街对面的书摊上花两分钱租了两本小人书，漫无边际地乱翻。我心中忐忑不安，草草看完，再奔到病房。

拐进那条走廊就看见父亲病房的门大开着，黑暗的过道上只有那一截映着白亮的天光，屋子里不断有人走动，慌张的影子在那截光亮处移动。我不顾一切地跑过去。

护士们在收拾器械，母亲和弟弟们在床边抹眼泪。

父亲的一只脚伸在被子外面，脚上穿着灰色的尼龙袜子。无限的空虚惊愕中，我脑海里反复出现一种想法："我爸爸死了，我爸爸死了！"这想法如不祥的咒语一般套住我，同时我又希望它仅仅是一个咒语。

我不眨眼地盯着父亲的那只脚，却没有勇气看父亲的脸。我生怕在父亲脸上看到那句咒语的印证，我全心全意地希望那只脚会微微地动一下。

我伫立良久,没有人发觉我,也没有人像我这样不接受那个事实。母亲不停地擦眼泪,却听不见哭声。她是一个坚忍要强的人,任何时候都耻于表现软弱。过了一会儿母亲暂时平静了下来,说该给外地的叔父们拍电报。我想起父亲昨天的叮咛,于是说:"我去拍吧。"母亲挥了一把泪,突然怨愤地提高声音:"不用你管!"

我难堪地站了半晌,默默退了出去。我最后不甘心地瞥了一眼父亲的那只脚,永远不会再动一动的脚,然后长久地站在晦暗的走廊里,欲哭无泪。每个门里都有人安静地休养,只有那扇敞开的门里有一个永远睡去的人。没有人能够吵醒他,惹他愤怒生气,他也再不需要安静。无论怎样央求呼喊,他都听不见了,他沉入到永久的安静中去了。那就是我的父亲,我一直对之忤逆不孝的父亲。

叔父们相继到了徐州。追悼会上,主持仪式的官员念着悼文,我发觉自己对父亲甚至缺乏基本的了解。我哭出了声,将眼泪鼻涕抹到破棉衣的里层。

棺木中的父亲身着中山装。母亲紧握着父亲遮在袖筒里的手,不断地叫父亲的名字,那分明是生死不能相依的绝望与无奈。平日里要强、刚强的母亲,这一刻如此温柔脆弱,这温柔脆弱极深地刺激了我。

那一夜冷而清朗,我们都醒着不睡——除了父亲。我们要守着他,从天黑坐到天亮。

叔父们围坐在一起,说父亲从前的事。

父亲年幼的时候英俊标致,远近闻名。逢年过节是乡村

最热闹喜庆的日子,父亲因为扮相俊俏,嗓音脆亮,总被选去演社戏。父亲常扮旦角,他仿佛真是个穿戴齐整、英姿飒爽、光彩照人的女公子。爱热闹的壮年汉子们把父亲当作金枝玉叶扛在肩上,从这村到那村。父亲嘹亮脆嫩的高音在乡村神秘的夜里响着,传出老远。唱过大半夜,父亲还一直受宠地骑在别人肩上,脚不沾地。

十岁出头,便有富贵的人家差人向奶奶提亲。奶奶回绝了亲事,说穷人家的孩子娶富家女子只怕孩子受委屈。奶奶疼爱父亲如珍爱老天爷赐给穷人的宝贝,一刻不闲地呵护着。

这些事使我心中备感悲凄。我什么也不说也不问,只是默默地听,热泪长流。

父亲曾经也是稚嫩可爱的孩子,父亲还曾经那样迷恋唱戏。此时我觉得自己跟父亲陌生却极度地亲近着,胸中涌着无限的感激和怅惘。然而在我的心离父亲最近的时刻,父亲却远远地退避了,退到我超越不得的另一重世界去,我有无尽的话却只能作无言的冥想。

夜色中仿佛起了雾,是我双眼模糊还是真的有雾?依稀有人影幢幢而来,鼓乐声热闹嘈杂。如水的夜里响着月光一

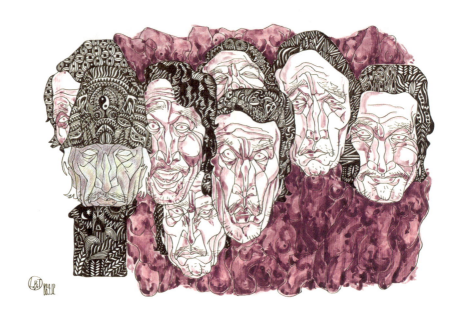

般亮润的歌声,唱歌的正是那个身着彩衣、美目流盼的少年——我年轻的父亲。

后来的一年我春节回家,母亲同我谈起二十几年前的那两块钱。她说如果你当初如实相告,父亲不会那样暴怒,你说"还你两块钱"的话让他听了生分,觉得心寒。母亲找出许多旧时的照片。我回来放大了十几张,贴在相册里,不时细细端详。

我家原有弟兄五个。父母一直希望有个女儿却未能如愿。最小的弟弟随了母亲姓刘,上学以前一直扮成女孩模样。

我们弟兄曾经拍过一张合照。五个孩子从大到小列成一排。那会儿中间的三个弟弟模样相近。我和小弟则与众不同。照片上的我咧着嘴傻呵呵地笑,嘴还居然歪着,越看越丑。

小弟穿着花衣服，头上系了围巾，一张小脸裹得十分娇憨可人。他微微抿着嘴，规规矩矩站在边上，显出虽然受宠却仍然不骄不躁的乖觉。

也许是命里注定我家不能有女孩，甚至连假扮的女孩也不能有。我这个小弟最终没能留住，他先我们而去的时候不到三十岁，是风华正茂的年纪。

父亲去世后我搬回家住，真正意识到长子长兄的责任。我逼小弟弟认真学画，经常因他完不成我布置的计划而责罚他。直到有一天我再也打不动他，他长成了大人，不再小姑娘似的听话。他身材魁梧，足足高我十公分。五兄弟里，我同他的相貌酷肖。

他无疑是聪明有灵气的，不费什么力便考取了一所大学的美术系。那时候我已经在徐州地区文工团工作了好几年。从小到大，我手中的画笔几次拿起又放下。有一阵迷恋绘画如痴如狂，甚至一整天的喜怒哀乐仅仅取决于是不是画出了一张让自己满意的速写。

1978年我报考了中央戏剧学院导演进修班。我拼上所有的力量，没日没夜地煎熬自己复习功课。考试的那个星期几乎没睡过像样的觉，考试时全身麻木几近虚脱。

更长更难耐的折磨是考试后的等待。我仿佛再也经不起失败挫折，大病一场，高烧不退。一直到八月底，通知来了，当天下午我的病竟然好了。

到中央戏剧学院上学后，我又开始画画。每回放假都带一些作品同小弟切磋，两个人有意无意地开始比试。我们整整相差十岁。三十几岁的我拿起画笔感觉到紧迫，小弟却以为自己青春还长，有的是时间。我时常严厉地逼迫他上进。被我说急了，他到甘南的藏民区，画出一批出色的素材又没了下文。

一九八五年我拍《流浪汉与天鹅》时路过徐州。当时母亲生病，准备住院。小弟看了我新近的一些画仿佛受了不小的震动，却不置一词。几天后他突然决定去新疆写生。我们谁都留不住他，母亲也一样无能为力。他出发的那天，母亲住进医院。

没过多久就传来了他的死讯。小弟在新疆出了车祸。跟他同去的人说，在新疆他跪在戈壁沙漠对着漫漫黄沙放声痛哭，仿佛回应着冥冥之中神灵的昭示。

第二年，一位亲戚对我说："你们哥俩都太强了，你弟弟是让你逼死的。上帝注定了你们俩只能留一个，也只能成一个。"

我回想自己对小弟的苛责大致同父亲对我的严厉不相上下。亲戚的这番分析使我想起了另外两个人——我师父和我父亲。

那以后我心里长久充斥着不散的疑惑。他们每一个人的离去都使我受到重创和长久负疚的折磨。师父的死让我第一次看到生命的脆弱，灵魂离开肉体的过程至今历历在目。父亲的死逼我磨砺自己，成就事业，以告慰他长眠的遗憾。而小弟的死，使我已经不年轻的生命又负载了他留下的使命。

难道仅仅因为要成就我，上帝才从我身边夺去这些我深爱的人吗？难道仅仅因为要成就我，上帝才让我承担这样沉重的负载吗？如果是这样，我值得这些人为我将自己的生命交还上帝吗？如果是这样，我将做出怎样的成就才足以报偿这些人的牺牲？

痛苦焦灼的我常常因这样的追问而彻底堕入迷茫，但是没有谁能为我作答。我只有以我的画笔、刻刀作答，以我剧中人的悲喜哭笑作答。只要我活着，我就不能停止。上天有知，他们的亡灵有知，我虽卑微平凡，却要尽毕生的力。

当爱向你们召唤的时候，跟随着她，虽然她的路程艰险而陡峻。

当她的翅翼围卷你们的时候，屈服于她，虽然那藏在羽翮中间的剑刃也许会伤毁你们。

…………

爱虽给你加冠，她也要把你钉在十字架上。

她虽栽培你，也刈剪你。

如同一把稻粟，把你束聚起来。

舂打你使你赤裸。

筛分你使你脱壳。

磨碾你直到洁白。

揉搓你直至柔韧。

然后送你到圣火上去，使你成为上帝圣筵上的圣饼。

的确，对造化而言我们只是他手中的玩偶，或成就或毁灭，或尊贵或贫贱，或伟大或微不足道。我希望、我祈求成为那被选中的人，被选中成就艺术的人。

我久久铭记着法国荒诞派戏剧家科克托的一段话："我们每个人都是粗糙的大理石坯，造化这个大师用锤子、凿子不断地敲打我们。要心甘情愿地忍受，不要呻吟不要哀嚎。配合他的敲打，因为他要成就你、创造你，去掉多余的，保留艺术必需的一切。"

岁月是刻刀，在我们脸上刻下皱纹。命运是刻刀，在我们心中烙下创伤。每当我失望痛苦的时候，我相信上苍的目光在深切专注地对我凝视，那正是他最钟爱我的一刻。我将盛着满心的感动迎接这一切，报答这一切。

# 向日葵

为什么这么多年以来，我总是喜欢画向日葵？

并非是一直想画向日葵，而是因为《有名了》，不得自己赶不离开。

我要求向日葵花朵的绽放。它既是光的花朵的绽放之同，它是日时其真的像一支蜡笔。我把身来在我画了数张的长伍中，也真正留下了。我知何完成了它的开开并花放中的美。

我小的时候，家的院子里种种了向日葵。有几十株，都是朝向被太阳。太阳我们在路边的向日葵像各样神情：在上午看到的，沉沉着有日葵被艳，盖土上睡被微笑了。好几个夏色涂上，我看着我的样子，我要根我们少广——起明被抢我把枝抱起了。其为向日葵的感情也是播下地里的，它没有等到千岁，就被我们少广——起明被抢我把枝抱起了。其为向日葵的感情是无特别的。

2011年上半年拍电视剧《老乃武与小月桂》的时候，剧组在我的院子里种了两片向日葵。花了两个月，我看着向日葵从小的花苗里，看着花儿开了一起盛开，也看着水淹的花儿凋落重要几天。但长长实的面盘上一种成熟来，那和上大长枝小孩的肤色，有一种我过去几天就未能现，我长它长后把它采下来，放成串，把它挂风《向日葵》画完了。以此

经在美术馆的。

鷹見泉石像
渡辺崋山筆

国宝

而已。

  画完这张以后，我还想再画，但怎么画，如何不重复，又变成个问题。向日葵我只画了一张，因为比较难画。在我没有想清楚之前，我不能继续画下去。

  一看到向日葵绘画作品，人们大都会跟梵·高的《向日葵》比。我觉得我这幅不好这样比，人家是全世界都公认的，我这个只是我自己喜欢的向日葵而已。唯一能聊以自慰的是，我用的方法跟他不同，他是油彩，我是彩铅笔和钢笔，但这种差异有没有什么价值，我不知道。

  我只是喜欢这张画，它好或者不好，让别人去说，我没法说。我喜欢它，还在于它包含了一点点生命的印记，就是在画的过程当中的激情。如果我真的没有完全失败，我的激情一定在这三株向日葵里边有所体现。

  这一幅我画了一个星期，黑色把黄与绿烘托得更加鲜亮，也加强了总体的厚重感，这也是我所喜欢的。

# 马蹄莲

二十世纪五六十年代我没有见过真的马蹄莲，那时候种植还没有普及，大家都在搞政治斗争，我只是在毛泽东到机场迎接周恩来的照片中见到过一束马蹄莲。也就是从那时候起，我对马蹄莲产生了兴趣。

后来我从徐州到北京求学、工作，才在市场上看到了真的马蹄莲。到了1998年左右我才买了几株马蹄莲，用钢笔画了些速写后，我想应该提炼一下，让它的形象图案化、抽象化一点。后来觉得提炼得不是很满意，就尝试画出"扭转"的感觉。不能说马蹄莲本身没有这种扭转的可能，因为马蹄莲的喇叭原本就有一点点扭转感。我把这种扭转感与印度舞女的身姿做了一点融合。之后，从1999到2003年，我就画了它将近五年的时间。我觉得马蹄莲有着色情、色诱的意味才好入画的，如果没有这些东西，我是不会画的，因为很多人在画马蹄莲，我不想对马蹄莲进行表面形象的模仿。

只有什么东西刺激了我，勾索了我，我才去画它，这样才能有所表达。至于我做得好不好，我不知道。

头骨的这张有点过于外露、直白了，想表达生与死的对比。生里边就包括性，生就是性，性就是生，没有性哪有生？

1999.12-2000.1.15

《马蹄莲》重彩
*Calla Lilies*, heavy color

自说自画：李保田
言在画外——李保田画作管窥

# 百合

我买百合的次数比买马蹄莲的次数要多很多,写生的时间最久。

我在中央戏剧学院上学的时候买了第一本性学专著翻译本,是荷兰人高罗佩的著作,中文翻译版叫《中国古代房内考》。高罗佩曾经在中国做过外交官,是荷兰的一个性学专家。这是我第一次看到一个外国人对于中国性文化的研究,翻译成中文版后光有文字,没有插图。二十世纪七十年代末,中国还很保守,很封闭,那些插图是不允许公开出版的。

九十年代初我到中国台湾参加电影交流活动的时候,看到了一本《秘戏图考》,是当地的一些性学研究专家从世界各国的博物馆、私人藏家手里发现的跟中国秘戏有关的图像的集结出版物,书中的文字用了高罗佩的《中国古代房内考》的文字。这本书约五公斤,合人民币三千多块钱,我根本没有那么多钱,只有二十来美元,好在同行的黄健中导演帮我买了,回大陆后凑了人民币还他。

书中有当年高罗佩在中国搜集的二十四张明朝中后期的线刻木版印刷春宫图。那时中国的木刻版画水平很高,我觉得挺有意思。如果直接把春宫图改造为画,那就成宣淫了,就是在颂扬色情。想了很久,最后决定改造后把它画在花瓶上,作为花瓶上的图案,让花瓶的图案与花瓶的插花互为补充。所谓的改造,就是把春宫图的赤裸遮盖一点,并把黑白的线刻辅以色彩,也就回避了绝对的模仿。

百合在中国人看来有"百年好合""交合"之意。百合花在主观上是含有性意向和性内容的,是有精神性暗示的。

我最早画的是麝香百合,其以台湾为主产地,也叫铁炮百合,直挺挺地侧开。现在的麝香百合没有当年的那么纯那么美了。那时候是小叶、大花头,现在是大花头、大叶。我最喜欢的也不是它盛开的样子,而是半开或者含苞的样子,真的有点像铁炮,也像男根,有一种强势的蓬勃的生命气势。花卉中侧开的花较少,垂头的、仰开的较多。百合花仰、侧、垂的都有,还有一种垂开的,但花瓣反卷,我到现在也没有写生过这种,它被称为野百合、山丹丹。

铁炮百合画腻了,就想画点小百合。卷开的百合市场上找不到,就买仰开的。有白的,有粉的,有橘红的,有阳红的，有黄的。我画什么都想找一点资料读。居然在书店里找到了一本降价书，叫《象征主义全说》，是中国人编的，我从中看到了一些小百合的资料，还把一小段抄在了我画的扇面百合的空白处。

书中讲了关于白百合的故事。先是说，世界上任何一个漂亮的女人，她的对立面（或曰敌人）一定是另一个漂亮女人。又讲了古希腊传说中白百合的来历——宙斯和民间女人生的儿子叫赫拉克利斯，后来是个大力士，做了几件震惊世界的事，其中包括赤手杀死狮子、战胜蟒蛇等等。他原本是一个弃儿，嗷嗷待哺，宙斯天上的老婆赫拉看着这个小生命可怜，有点同情，就把他抱起来了，将自己的乳头塞到孩子的嘴里。孩子饿得像狼一样，一口就把乳头吞在嘴里，由于吸吮的力量过大，白色的乳汁溅到天上形成银河系，溅落到地上，就生出了纯洁的白百合。

金苹果和三个美人的故事，也与百合有关。事发于人间英雄佩琉斯与海洋女神忒提斯的婚宴上。由于这桩婚事是天神宙斯撮合的，就邀请了一批神级较高的神赴宴，而管辖纠纷的女神厄里斯未被邀请。厄里斯觉得受到冒犯，不请自来。在宴会上她一言不发，留下一个硕大华丽的黄金苹果，上面刻有文字"献给最美丽的女神"。

在场神级最高、同时也最为美艳的三位女神就争要这个苹果，她们是众神之母赫拉、智慧女神雅典娜和爱神兼美神阿芙洛狄忒（维纳斯）。争论不休，她们就要求宙斯评判谁可以获得金苹果。宙斯则认为，凡间一位潇洒俊朗的王子帕里斯更适合成为这道难题的裁判，此人当时正在特洛伊城附近的艾达山上牧羊。于是，三位女神由神使赫耳墨斯引导前往艾达山，请帕里斯作仲裁。

三个女神为了能够获得金苹果各自给帕里斯许诺。众神之母赫拉说，假如帕里斯能将金苹果判给自己，她就让帕里斯统治世界上最富有的国家。智慧女神雅典娜的许诺是让他成为最有智慧的人。而爱神维纳斯则许诺给他天下最美丽的女人。结果帕里斯把金苹果给了维纳斯。赫拉和雅典娜非常恼怒，决心要毁掉特洛伊城。于是就有了海伦被劫持与特洛伊战争的故事。战争后，维纳斯出于报复心，就让赫拉乳汁变成的纯洁的白百合在花谢了之后，剩下了像驴的阴茎一样丑陋的东西。这就是百合凋谢后花蕊的样子。可见围绕着美和性，自古就有着丰富的故事，也可见美和性在生活中所起的重大的作用，以及事物的两面性。

《昼》重彩
*Day*, heavy color

《夜》重彩

*Night*, heavy color

《百合》两幅 墨
*Lilies*, two paintings, ink

一只男鞋，一只女鞋，用百合来表达两性的那种感觉，这两幅比较侧重纯粹视觉愉悦的表达。

## 花儿

　　这就是爱美之心人皆有之啊。性就是美,而且世界万物的美都是因为对性的美的认识而扩展开来的。春萌夏发,秋收冬藏,这是自然规律。柳絮在满世界飘飞的时候,你不觉得那满世界都是性的气味吗?满世界性的气味,就是萌发的气味,生的气味。春天特像一个卖春的美女。夏就比较讨厌了,它叫你哪儿都不舒服。

　　北京的孔庙里有几棵古柏,其中一棵的身上汇聚的树瘤,叫九个狮子头,意指九个大树瘤挤在一起像九个狮子头,漂亮死了。那九个狮子头,其实是线的凝聚,狮头像一个个毛线团,是由一条一条的线组成的。

《花儿》重彩
*Flowers*, heavy color

自说自画：李保田
言在画外——李保田画作管窥

# 月季花尸

    我的一些干枯的月季花的线描，以及那组墨效果的花尸，这都是对枯死的花写生以后的一个演变，我对这些东西情有独钟。我的人格偏于孤僻，偏于悲剧性，但我很少忧伤。

    一个高原的老太太，她满脸沟壑似的皱纹，你与她面对面的时候可能不觉得她美，但是在好的摄影家的镜头里面，就变成了美。它里边有概括，有提炼，有强化。只是一个普普通通的老人，她的沧桑，她脸上的年轮，形成了一种美和冲击力。

    漂亮包含着一些美的因素，但不是美。美不一定是好看，美是经历，是磨难，是精神，是善，也可以是表面的丑。

《花尸》十五幅 墨
*Flower Corpses*, fifteen paintings, ink

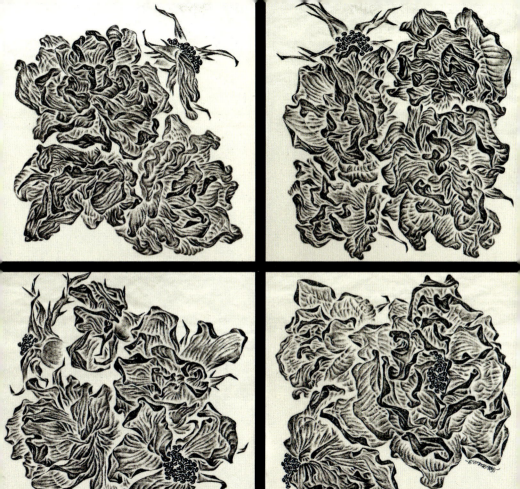

# 仙客来

　　如果说画别的花是以花为主，画仙客来则是以叶为主。它的花没有叶子美，我想用纯粹的线来表达它蓬勃的生命，让人去想象它那蓬勃的绿色。

　　画这种速写线的时候是特别享受的，绘画快感比画带颜色的快感要大，而且时间短，不那么麻烦。

　　绘画过程中那种组合的快感，运笔自由流畅的快感，更多的是自我愉悦的过程。

　　上万张月季，我拍了十多年，从2005年开始一直到现在，这是个综合提炼的过程，而且我是有意地在寻找。先有个观念有个想法搁在那儿，然后按图索骥。

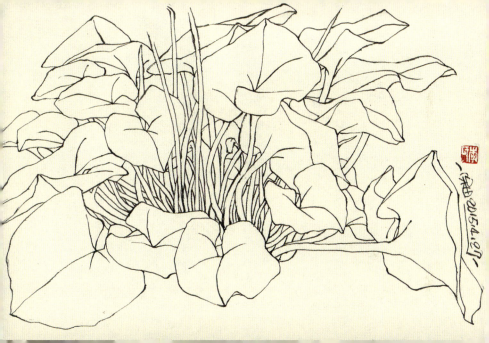

《仙客来》十二幅 钢笔

*Cyclamen*, twelve drawings, pen

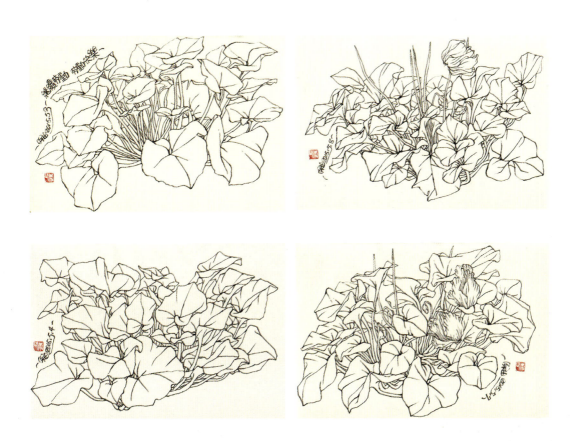

# 残荷

我为什么喜欢残荷?这可能跟年龄有关。

到了一定的年龄,在这些枯萎的东西上,能够看到自己生命的老去。它们好像是一面镜子,我用它来照见自身,也许是顾影自怜吧。顾影自怜的结果是,老了也要有一点精神头,这个精神头就是老年的尊严,是活着的尊严。

《残荷》钢笔
*Withered Lotus*, pen

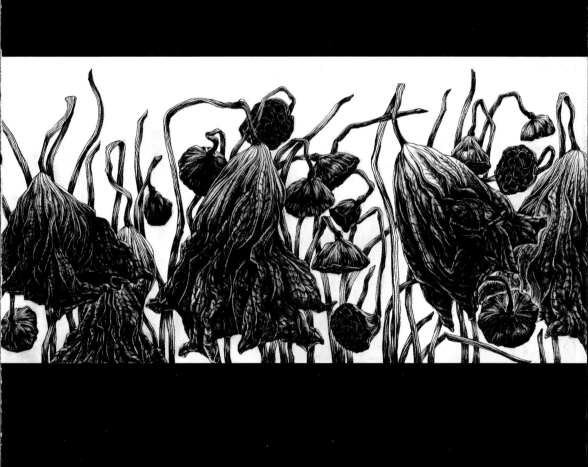

《残荷》三联 钢笔
*Withered Lotus*, triptych, pen

我的手机里有五六百张枯月季的照片资料，还有枯芭蕉。枯芭蕉现在我还没想好怎么表现，只是在速写本里画了画。2003年，在上海拍电视剧《跃龙门》的时候，我们住地附近全都是芭蕉，我采了一些枯芭蕉叶，画过一些速写，画过一些钢笔画，没有创作过大画。如果我还能健健康康地活几年，也可能还会再画。因为那个东西我没有放下，心里一直还挂念着它。

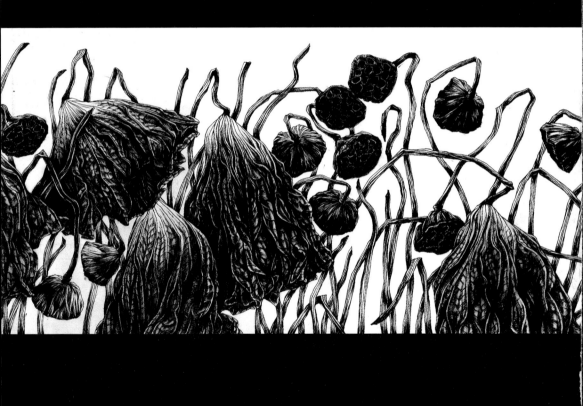

《苦瓜》钢笔彩铅笔
*Bitter Melons*, pen and colored pencil

自说自画：李保田
言在画外——李保田画作管窥

《麦克白》组画 四幅 油画棒 墨

*Macbeth series*, four paintings, artistic oil painting stick and ink

# 麦克白

　　这一组画的是莎士比亚的剧作《麦克白》。"三个女巫"——"登基"——"建鬼"——"胜利"（对立面的胜利）。其实就是篡位者的失败、死亡，是正面的胜利，所以后面有太阳，还有上

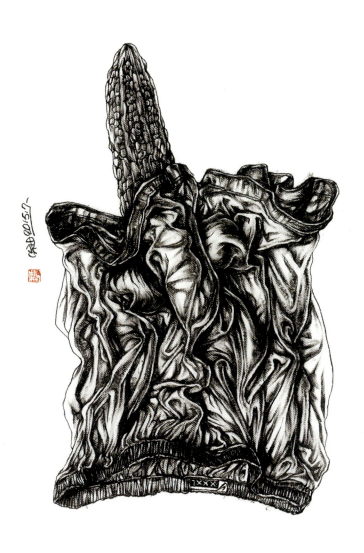

《"下"字之秦道》 钢笔
Verification of the Character "Xia" (Down), pen

《门神》三联 重彩
*Door Gods*, triptych, heavy color

集资料，2017年才去完成它。门神这组同样想了很多年，没想清楚之前动不了笔。

2006年，在四川拍电视剧《王保长新篇》的时候。有一天起床后我在酒店房间里坐着喝水、发呆，看见没叠的被子，被子的褶皱和照在上面的阳光突然让我发现了两性符号的影子，于是就有了灵感，并用手机拍了下来。然后又突然想到，我那两个门神中间的那幅画用这个就很好啊。门神保卫着什么呢？就有了答案。

中国人的门神保卫的是血统的纯正性。中国人骂人比较狠的一个词是"杂种"，它的意思就是性关系不清楚，血统不清晰纯粹。中国艺术的固步自封、不发展，跟所谓的"纯化"也有点关系。纯化，在某种程度上其实就是生命进化的停滞，包括满族的不与外族通婚，最终使皇族的繁衍都出了问题。一个统治阶级的最终灭亡当然有着各种各样的原因，但固步自封、追求血统纯化而影响传宗接代，也是原因之一吧。

英国人拍的纪录片《厉害了，我的兰花》里面介绍，达尔文做过实验，同一个品种的兰花，一个放在玻璃罩子里头，一个让蜜蜂采过，最后的结果是，被蜜蜂采过的兰花结了豆荚，荚里边有种子，那个种子又被他们培植，变成了新的品种，而玻璃罩子里的兰花，花枯萎了，不结种子。清代的后三个皇帝，在保持血统纯粹的情况下，带领着一个朝代、一个制度走向了死亡。这难道没有参考、启示意义吗？这幅画我的技巧还是有问题的，达不到那些技巧很好的专家水平，被子的褶皱画得不理想。

# 门神

我从很早就喜欢门神的形象,零零碎碎收集了不少门神的资料。两千零几年我买过一本民间木刻木版年画的专辑。里面收集的作品有山东的,有山西的,有天津的、四川的,中国几个民间木版年画比较有特色的风格都有所搜集。2011年拍电视剧《杨乃武与小白菜》时,有人又送了我一本山东聊城的木版年画,最早叫东昌府。我比较喜欢东昌府和武强的年画门神,但是还是觉得不尽兴。

不尽兴是什么意思呢?就是无法满足我借用它又想脱离它的愿望。当然了,脱离它,没有它的影子,是不行的。因为门神是不可能凭空捏造的,凭空编造的就不是门神了,它必须得有民间门神的影子,别人才能知道它是门神。

2012年在广西拍电影《夜莺》的时候,我又看到了比较现代的门神,秦琼和敬德跟传统年画里的形象有了较大的区别,有点立体感,面部有点生活化了。最后又参照了唐三彩中力士的形象,就是那种侏儒化的比例——身材短粗,四肢发达,像举重运动员。这是常年被重量挤压造成的。这种结构很有力量感,头身比例大概5:1。然后我结合民间木版年画的线造型做了点综合,又把自己对线的偏爱糅进来,最终画成了这两个门神。我想这两个门神不要像民间贴的门神那样脸对脸,背靠背可能效果更好一点,这样更有警戒、看守的意味。

那么门神在看守什么呢?这是个难题。

想不清楚就先搁那,先存疑,想清楚了再画。我经常这样。我那幅"文革"的大画,从1997年开始构思、搜

位以后的血海。

莎士比亚了不起,世界戏剧史第一,是难以超越的高峰。其次是法国的莫里哀。

《毕加索——他妈的！》钢笔临习组合
*Picasso—Fuck!*, series of studies in pen

《"上"字之考证》钢笔
*Verification of the Character "Shang" (Up)*, pen

自说自画：李保田
言在画外——李保田画作管窥

# 画外之艺

## 雕刻与剪纸

《伏羲与女娲》木浮雕

*Fuxi and Nuwa*, relief woodcarving

我很早就对雕刻感兴趣，但是不知道用什么木头和工具。我天生是个怕别人拒绝的人，想学，找不到有谁可以教我入门。1986年在安徽拍电影《贞女》，一部电影中我演了三个角色，但还是抽空到黄山市屯溪的一个镇子打了几把雕刻刀，并找来木头，开始尝试木雕。这几把刻刀我用了十年，到1997年用坏了，以后就没再雕了。其间也在美术商店买了刀，觉得不顺手，土的用习惯了，洋的不会用。刻刀有用途不同的很多种，我基本就用一种，因为用顺手了，而且不知道其他的是干什么用的。

　　从黄山回到北京，在中央戏剧学院代课期间，我用水曲柳雕了《伏羲女娲》。当时表现人的做爱是禁忌，即使我借用伏羲女娲来表现，也不能公开说我在表现两性做爱。伏羲女娲是中国的始祖神，他们是兄妹通婚，产的一些卵变成了第一批人类。

《双修》木浮雕

*Joint Tantric Practice*, relief woodcarving

《欢喜》木浮雕
*Joy*, relief woodcarving

那个时候还很想雕裸体,但是也没有模特儿,就只能靠想象。

80年代后期受佛教的影响,我欢喜恶煞相、象鼻神……大荒神乃欢喜夫之子,暴害世界,观音菩萨化身美女,与之相搂相抱,得其欢心使其不行恶事,平了他的性子,消除了他的破坏欲。用弗洛伊德观点,这就是升华,就是力比多经过性释放,而不变成为恶的力量,而青春期犯罪恰巧经常是因为这个力量没有发泄口,进而变成危害社会、危害他人的力量。

我第一次做完一件木雕时,把我自己吓一跳——啊,我还有这本事?!除了农村干灵活的木匠,我没有看过别人做木雕,都不知道该用什么工具,只会用一个平口刀,一个半圆形的刀只用过一两次。

1997年我做的一个木雕，是将近一米高的一个仙人柱，下面是一朵花。这是在一根木头上用小刀愣雕成的，很笨，想法是受仙人球的启发。雕刻出来以后觉得仙人柱和花不能充分表达我的那个感觉，不久突然找到了一个办法，我用钉子代替木头，钉满了柱子。一个圆木即使能雕出木刺来，也是费力不讨好。金属的钉子和木头是冲突的两种材料，而在这个作品上面，它们既冲突，又是和谐的。钉子变成了木头的延伸了。冲突了才有了动感，才有了生长的感觉、生的力量。这就是一个生命体，两性合一的生命体。

　　高级是走向简洁和概括。这件木雕的原料是一个不对等的"V"字形的树杈，我把其中的一个杈先削成一个大疙瘩，再雕刻成"阴花"。如果我会用电动的雕刻工具，可能会省很多力气，也会多一些作品，但是我到最后也都是只用一种小刻刀。

　　1988年的时候，我的木雕作品《伏羲女娲》和《欢喜佛》在中国美术馆画廊展览，我记得有一个看展览的男人，四十多岁，有些愤怒地说："这是什么玩意！"其实这种卫道士，骨子里不一定反感裸体，但看见裸体的表现就一定会骂街。

《听胎音》木雕（高 30cm）
*Listening to the Womb*, woodcarving (height: 30cm)

《永远的偶像》木雕
*Eternal Idol*, woodcarving

《行动的躯干》木雕
*Body in Motion*, woodcarving

美是要有距离的。这个剪纸是用两幅来概括美与距离的两个状态。

20世纪80年代初,我在中央戏剧学院上学时看了一个日本的哑剧:一个百无聊赖的男人看见玻璃罩里一个美丽鲜活的女体。他掀开罩子接近她,女体就变成面条一样,怎么都提拉不起来,提拉起来一松手,就又瘫软下去。最后他很难过,又把玻璃罩放下来,结果女体又恢复了鲜活美丽。他在玻璃罩外哀叹,之后一掀玻璃罩还是那样。就此我的理解是:美是要有距离的,没有距离就意味着美的死亡。同时欲望也要有所克制。

你想接近美占有美,你不但得不到美,反而还会把美害死。两性关系也包含这个逻辑。夫妻、情人关系都如此。中国老话讲,久别胜新婚,就是欲望不能永远在欲望当中,否则,欲望就死亡了。人在美当中往往就感觉不到美了,你必须距离美一段距离,才能发现美享受美。

性快感建立在性饥渴和性神秘的基础上,有距离才会饥渴,才有神秘,美感才强烈。

《观哑剧有感》剪纸 1986 年 衬纸（54 x 43cm x 2）
*Thoughts on watching Pantomime Opera,*
papercutting, 1986, gasket paper (54 x 43cm x 2)

这是生命欲望的过程。20世纪80年代，表现性欲还有很大的禁忌，所以我用牛代替人。这里面有自觉，有温柔，也有强暴……

一头小公牛，有一天，就像孩子突然觉得我长大了，总想试试自己的力气，就不断地展示他的二头肌，其实他还比较瘦小和软弱，但是他的性意识已经开始觉醒了。

它一有机会就绕着母牛东闻西嗅，母牛在那里卧着，表现出不理睬的样子，其实也是欲火中烧。

接下来是偷窥、调情、企图强奸……交合之后，公牛突然有一种无聊、沮丧感，或者说是自我否定的感觉——觉得我努力半天，并不那么值得。

小母牛则舔舐着自己有些受伤的部位，然后是怀孕、听胎音、生产、哺乳、小牛长大、第二次怀孕、老眼昏花、死前的挣扎，最终是死亡的胜利。

《牛的一生》剪纸十九帧 1985年 衬纸（29.5 x 21cm x 2）
*The Life of a Cow*,
papercutting, 19 frames, 1985, gasket paper (29.5 x 21cm x 2)

自说自画：李保田
画外之艺——雕刻与剪纸

自说自画：李保田
画外之艺——雕刻与剪纸

《自剪像》剪纸 1986 年 衬纸（29.5 x 21cm）
*Self-Portrait in Papercut,*
papercutting, 1986, gasket paper (29.5 x 21cm)

自说自画：李保田
画外之艺——雕刻与剪纸

# 杂说·絮语

# 缘起

我的绘画和雕塑有较强的性的因素,这可能还与我的少年经历有关。

当年我老娘是卫生系统的干部。大概是1953年或1954年,我上一二年级的时候,市卫生系统为了提倡孕妇到医院科学分娩,办了个孕产展览,有文有图,还有一排药瓶子里泡着的不同月份的胎儿。这个展览是婚前的人不让看的,我母亲周日值班我去送饭,我就看,因为我是一个小屁孩,我母亲又是领导,别人根本就不在意我,按说我也算"婚前男性"。我不仅是看个热闹,还看明白了一些知识道理。这次经历一定对我性意识的萌发有所影响。

那个时代女人都在家生孩子,由产婆来接生。在这个展览里边,产婆被画得跟巫婆一样丑恶,她手里拿着像秤钩一样的东西，意思是难产的时候产婆会用这个钩子把孩子钩出来。展览的目的是鼓励大家到医院去生孩子，要科学生育。

当时中国的贫穷是今天的年轻人很难想象的。婴儿没有尿布，只能放在沙土上，尿了、拉了，就换换沙土。母亲生弟弟的时候，我家的保姆还跟我说，去南关的黄土里面给你刨弟弟去了。当时我心里还嘲笑她，还有点不屑，因为生孩子的事我已经明白了。从那个时候开始，我对人、人体，对人是从哪里来的，人是怎么回事，就有些感兴趣了，后来慢慢又知道，人是男女交合的产物。

到了十三岁时，我辍学考进了戏班子。到农村演出时老艺人和我们这些小学员同睡一个大通铺，晚上睡觉只要一关灯，那老艺人就问，孩子们都睡着了吗？孩子们不吭声，老艺人们就开始胡说八道，说的全是男女苟合和偷奸的故事，我们都听在心里头。那时候年轻的演员结婚，还流行去"听房"（偷听做爱）。总之，戏班子里一天到晚都是这一套，我们这些十多岁的孩子就泡在这种氛围里面，使我们过早地熟悉了情色，这会使青春期变得很煎熬。

一边是老艺人们很色情地胡说八道，另一边是人和政治的道貌岸然，其反差之大，近乎变态的程度。

单位有一个电工师傅的女儿，才五六岁，夏天赤身裸体在睡觉，一个年轻人看着这孩子手淫，被逮住了，开除了。这个人竟然还是团支部书记。现在想，他青春期做了这种事情，虽然不大好，但也不能算是很恶劣的事情，可那时候却觉得这是非常丑恶的事情，尤其是他平时表现得很积极，很正经，和这件事情形成了强烈的反差。单位毫不犹豫地把他开除了。那时候被开除，是一件天大的事情，大概仅次于劳改、判刑，一个人的前途基本上就完了。这件事给了我不小的刺激，我认为他平时都是假积极假优秀，是假道德。今天看来，这样对待一个犯了错误的青年人，无疑是有些过于残酷了。

中国戏曲作品中有不少才子跟妓女的故事，如苏三的故事、杜十娘的故事等，这些题材在舞台上演出，在戏里面，是合法的，是合理的，往往还是个有情人终成眷属的好结局。而我们在现实生活中，却是那么的压抑，那么的枯燥，那么的步步受限。男孩跟女孩说两句话，谁对谁有好感，就会遭到别人的耻笑和呵斥。老师们好不容易有谁的家属来探班了，全团人就会拿他们做性的精神会餐。在这样的环境当中，怎么能够不性早熟？怎么能够不过早地对两性关系好奇？而且都是不健康的、不良的好奇。

接下来是上年岁的人不断地用一些不科学的说法吓唬孩子们不能手淫，而按照弗洛伊德的逻辑，适当手淫是有益的释放，是有益于身心健康的。

那几年戏班子的生活，正赶上"三年自然灾害"，我是在极度贫穷中度过的，饥肠辘辘，也没有精神生活可言，一天到晚看着一帮将死不死的、品行不端的、没有能耐的老艺人在那里展示各种丑陋。他们就会盘剥孩子，欺负孩子。他们都是农民，在草台班子会演几出戏，到南京训练两年就变成了老师。城市的熏染，让他们变得更加丑恶。老师克扣我们的食物和物品是常态。我冬天没鞋穿，长满了冻疮，没法卸妆，没有热水。吃不饱还要练功，饿得全身浮肿，差点死了。

　　我的父母都是干部，家庭条件温饱没问题，我为什么要忍受这种非人的日子呢？因为我是自愿出来的，还跟爹妈赌了气，所以不想被开除，不想回家，怕爹妈耻笑。

# 漫谈，表演
## On Acting

　　做演员扮演人物，也得益于我的积累。我能分析、感受一些不容易感受的东西。

　　我演过的一个角色，别人要拍续集，我不想干，一个著名小品演员跃跃欲试，非得要演一演，最终还是没成。小品表演与影视表演不是一个路数。

　　一个专业学院的老师给我看他的《宰相刘罗锅》续集剧本，我连回话的兴趣都没有，实在是没意思透了，故事没有一点意思，连插科打诨都没有。

　　宰相刘罗锅这个角色，在那个年代对于我是个机会。这个角色让我早年学戏曲时学的丑行的那些东西能够得到比较充分的运用。但我也清楚地知道，刘罗锅和和珅都是封建制度下的产物，都是皇权的爪牙。和珅用自己的机智搞得皇上满世界拉屎，刘罗锅则是捧着卫生纸不断地给皇上擦屁股。演完了，叫我参加这个电视剧的宣传，我不想参加，因为我觉得只是演一个角色而已，而这个角色对于推动中国社会进步、走向现代文明没有任何现实意义，它只是个宫廷题材的戏说故事而已，让大家看着乐一乐就完了，看看奴才如何骂皇上又让皇上不砍他的脑袋。

我知道乾隆是个搞文字狱最厉害的皇帝之一，我对这种掌握着生杀大权，而对人的生命一点都不尊重的混蛋皇帝没有一点好感。是他让中国的发展没能跟上西方现代文明的步伐，甚至贻害至今，喜欢他，不是有病吗？然而在中国，皇权的淫威及肮脏的宫廷争斗，却是人们津津乐道的东西。

如果一个国家不能建立起来民主共和意识，骨子里还是皇权专制那一套，或者像南美的一些国家演化成为"权贵资本主义"，这是更糟糕的，对于百姓的盘剥和压迫会更甚，方法会更加多样及残酷。这类国家，从前国家是皇家的，现在，国家则被许多的利益集团瓜分。

有人问我为什么能演好刘罗锅，其实就是把我几十年的训练、技巧，第一次比较充分地展示了。具体一点讲，就是我把中国戏曲的东西，包括身段、行走坐卧、台词的感觉适度地运用了一些。如果用大白话去演刘罗锅就不行，因为刘罗锅的台词以白话为主，但是偶尔也加了一点点半文言的戏曲道白，有一点韵，有一点铿锵，有一点戏曲念白的韵味和节奏在里面。

只能说我没把刘罗锅演得很俗气，尽管他是一个卑琐的形象,仅此而已,而且我并不认为刘罗锅是我表演生涯中最好的表现。

刘罗锅只是在皇权专制下微微有一点清醒,但这是维持专制统治的清醒,而不是反叛、脱离专制的清醒。这种认识也影响着我对这个角色的诠释。我把刘罗锅定位为一个穿官服的老百姓,这个人物更多表达的是老百姓的情绪,而不是刘罗锅的情绪,这是我比较清醒的地方。当时少数满族人统治着占绝大多数的汉人,人们就借助一个穿官服的老百姓刘罗锅,来表达一种嘲讽或不满。刘罗锅的故事作为民间的口头文学,是广大汉族对满族统治不满的情绪与政治笑话的结合体,但这是隐性的,当这个朝代翻过去了,就变成了显性的民间故事。其实这种现象很普遍,过去坊间流传的许多政治笑话,就可能变成今天戏剧、相声的素材。

其实宰相刘墉不是刘罗锅,刘罗锅不是宰相刘墉,就像包拯,可能历史上真有其人,但民间戏曲中发生在包拯身上的故事,不是真实历史人物包拯的故事。《三国演义》中把代表新生力量的精明的政治家曹操变成反派人物,把明明是弱智的"汉室宗亲"刘备——刘皇叔塑造成温良恭俭让的正面人物,同样表现了民间对于即将灭亡的旧王朝的怀恋情绪。也可以说,这是中华民族文化中腐朽、奴性那一部分的具体表现。

我现在每天读一章《李国文新评〈三国演义〉》,很多历史上的丑恶嘴脸又重新浮现。中国从古到今都盛产佞臣,我们甚至可以将有些历史人物和现实人物进行互相比照。

我读书有快感，经常三四本书同时读，一本看累了，脑子有点发蒙了，就换一本。我现在是吕俊华的《艺术与癫狂》、大卫·霍克尼的《我的观看之道》《更大的信息：霍克尼访谈录》《蓝围巾男人》几本书同时看，看累了，就看李国文评点三国演义。

《蓝围巾男人》的写作，得益于画家卢西恩·弗洛伊德用了七个多月的时间为马丁·盖福特（评论家、本书作者）画了一张油画肖像。作品画得艰难，很慢，最终效果非常好。盖福特说，《蓝围巾男人》最终是一个独立的存在，跟我已经没关系了，他是艺术上的一个形象。此画刚画完就被别人买走收藏了。

弗洛伊德给大卫·霍克尼画的肖像也非常好，他用笔触来塑造形体，揭示了现代人内在的焦虑、现代人的心理处境。

弗洛伊德给英国女王画的肖像很丑。女王本来也不很漂亮，因为女王地位，使她晚年的气质不错。

历史上有两部讲伊丽莎白的故事片，第一部尤其好，皇宫是浮华阴暗潮湿的氛围，得了奥斯卡最佳影片。昨天我又看了瑞典十几年前拍的《太阳下的故事》（阳光灿烂的女人），是很好的文艺片，说的是阳光下的人和人的温情。之后又看了巴西拍的关于仇杀的故事《阳光的背面》。影片一开场就是风中的一件衣服，上面紫红色的血在风中变成了黄褐色。这件衣服被风吹得就像一个活的东西，你会觉得服装里面有鬼魅。衣服上的血迹由紫红色变成黄褐色，暗示一个

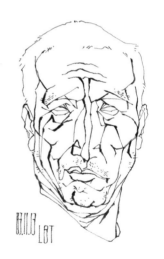

月到期了,这天家族要么拿起枪复仇把对方杀死,要么仇恨就此结束。这是部文艺片,有一定的世界影响。

为什么美国很多导演说黑泽明是他们的恩师?今天再看六七十年前的《七武士》,还会觉得他的黑白片拍得很精彩。近来美国人拍的美国版七武士——《豪勇七蛟龙》的专业水准也不错,导演的镜头非常清醒,上百人打斗的杂乱场面镜头衔接得滴水不漏。这也是向黑泽明致敬。

日本能出这样好的电影,为什么中国就拍不出来呢?

历史上的艺术大师,是一堆人堆出来的金字塔的顶尖人物,我们今天还在金字塔的基座上,还没往上拱呢。我们差的不是传统,不是文化不悠久,我们差的是环境,所以无法蓬勃向上。光有种子,而没有让花儿生长的良好气候,怎么可能会有盛开的百花园?

不自由,还会限制人的想象力。人的创造力不是竹笋,上面压个大石头,我能拐着弯冒出来,即使竹笋有这个本领,若满世界都是大石头,也长不成竹林。

艺术,那从头至尾就是"个人主义"行为,甚至是极端的艺术个人主义才好,否则就没有艺术的创新、独特。

电影是综合艺术,是集体创作,所以表演没有绘画自由,但表演有选择的权利。若演"美国版的七武士"里的角色,就得比较严格地按照导演的要求来,自己没有太多发挥的可能。要参演《一次别离》,一定是低收入,得不得奖谁也不能预测,但这样的片子有意义,表演发挥的空间也大,我可以把我生活当中的所思所想,以及我的境遇等跟这个角色糅在一起，可以把剧本和导演的要求较大程度地进行个人化的处理。

表演是模仿的艺术，所有的艺术都是从模仿开始的。但是这里有一朵玫瑰与玫瑰的关系问题。玫瑰是普遍性的概念，一朵玫瑰，是玫瑰概念中的一个个别的概念。

一朵玫瑰，脱离了玫瑰概念不行，它就不是玫瑰了，但它又一定是和所有的玫瑰有别的"这一朵"玫瑰。艺术中，作为个体的这一朵玫瑰，要逃避平庸，就得有适度的独特性。

年轻时，我认为自己的艺术越独特越好，现在觉得，独特，也有个适度的问题。为了独特而独特并走向极端，是另一种肤浅，甚至是另一种具有欺骗性的平庸。

很多深刻的道理我之前也知道，但是当时水平较低，不能切身理解，到了今天，理解得更好一些了，能够更好地塑造角色了，但是年岁也大了，机会也少了。好在我还能在绘画中演角色——把画中的一草一木都当成自己，把自己当成画中的一草一木。这样等于演戏的经验积累也能用上一些，而且因为绘画比表演更自由，限制更少，所以也更加的尽兴，更加的快乐。

绘画也有限制，但绘画的限制不是来自外界的限制了，而是来自于自己的限制。画得不好，是自己的修养、天赋、懒惰的限制。

20世纪90年代中期我看了吕克·贝松的《这个杀手不太冷》，前几天我又看了两遍。里面的小女孩是个天才。

长大后又拍了《黑天鹅》，获了奥斯卡最佳女主角奖，再后来的西部片《拿起枪的简》也是她主演的。

她在《这个杀手不太冷》中还是个十多岁的小女孩儿，影片中有这样一个情节：里昂在屋里谈事，看到门外小女孩跟一个街边的小混混儿男孩在说话，男孩给了她一根烟，她在那里抽。里昂坐不住了，跑到外面跟小女孩说："听着，玛蒂尔达，你要当心……不能随便和别人聊天。"

玛蒂尔达："里昂，别紧张，这他妈没什么大不了的，我只是在等你时抽口他的烟而已。"

里昂："我要你停止讲脏话，你不能总是这样和别人交谈，花点心思，学学怎么好好说话。"

玛蒂尔达："Ok。"

里昂："我还要你戒烟，这会害了你。"

玛蒂尔达："（把烟扔掉）Ok。"

里昂："离他远点，他看上去像个怪物。"

玛蒂尔达："Ok。"

里昂："我五分钟之内回来，待在我的视线之内。"

玛蒂尔达："Ok。"

就是这四个 Ok，它所包含的心理反应非常丰富，层层递进。小女孩没有经过表演的专业训练，没有专业表演技巧可言，现场也很难诱导，这四个 Ok 都是自然的反应。当年我就说这四个 Ok 了不起。1997 年我向我们的院长徐晓钟老师说这个事，他只是微笑、点头。这是晓钟老师的习惯，聊天时他很少用语言跟进你的观点。

1998年左右我就想过：文艺复兴是绘画、雕塑、音乐等欧洲总体艺术的复兴，各门艺术都达到了一个高峰。后来是印象主义、现代主义另立山头，但山峰的高度，似乎还是超不过文艺复兴时期各个山峰的历史高度。

那么现代艺术史中，有没有能与文艺复兴时期的艺术山峰比肩的呢？可能只有美国电影了。

作为综合艺术，电影囊括了造型、文学、音乐等多个艺术门类，加之高科技的运用，使这门脱胎于戏剧艺术的新的艺术门类的表现力达到了空前的高度。当然了，电影在人类艺术史中的地位，最终还是历史说了算，我只是推想。

文字的力量也很了不起，某种意义上，它可与电影分庭抗礼。电影终归太直观了，想象空间及厚重程度不如文字。读文字，更能令人有身临其境的感觉，你可以完全按照自己的经验想象，但是电影基本已经给你设定好了。电影的想象空间受到限制，但它欣赏起来省劲儿，文学则比较费劲儿。

阎连科的小说《坚硬如水》，用两性肉体的爱来贯穿整个"文化大革命"。做爱和革命歌曲糅在一起，说的是人性在特定制度、环境下的异化、扭曲。电影当然可以表现这些细节，但是就心灵的震撼来说，看电影在某些方面，还是很难超过读文字。

电影为什么在美国达到顶峰而不是在欧洲，可能有这样的原因。

欧洲，尤其是老牌的帝国主义英国认为，美国是他的附庸，而美国人不愿意被宗主国奴役，他们追求自由发展，热爱自由民主，是一个不愿意被别人统治的新兴的资本主义国家，于是就有了独立战争，就成了一个有别于欧洲资本主义的新资本主义国家。

美国始终被欧洲人认为是俗不可耐的，同时，它又是活力十足的，是少有传统观念束缚的，是极为开放的资本主义国家。美国竞争的残酷，远胜过欧洲老牌资本主义国家，因为它还没有经过资本主义的文明历程。它的原始积累，是由大量的有冒险精神、有犯罪家族史的移民在老牌帝国主义的压迫之下完成的。当今的美国人，离这个原始状态才几代人，他们遗传基因里的这部分东西还没有老化破落，他们还没有完全被养尊处优非优化。养尊处优是要把优化机制给毁掉的，最后必然走向腐化。

就是这些以枪文化建国者的后裔，他们那种强烈的独立意识、冒险意识，加之欧洲电影的基础，加之自由资本主义的市场动力，让电影一天天地在美国发展起来。

资本的力量让电影发展起来，资本供养着明星，又是这一帮明星在自由的制度当中发展着自我、推动着电影的发展。例如卓别林，在英国是一个流浪儿，母亲进入了精神病院。他原本是一个喜剧剧团里边的小丑，到了美国，开始搞电影。他让全世界的一些不甘寂寞的人，有冒险精神的人，在19世纪后期和20世纪初期，到新大陆的电影领域来淘金，从而奠定了美国电影乃至世界电影的基础。这有点像中国的改革开放时代，全中国人来北京、上海淘金。是什么让这一些农民居然很快变成了百万富翁？是什么能让一个卖臭豆腐干的人变成了上海的大老板？是自由开放的制度加他们的冒险精神。中国的这些人后来大都又倒台了，同样与他们的冒险精神有关，只有冒险精神而缺乏理性和修养，注定走不远，可谓成也萧何，败也萧何。

在这一点上，美国有别于中国的是，他们在这个过程中，逐渐地科学化、规范化、程序化、制度化起来，这是美国电影持久发展起来的关键。你看看美国科幻片电影里边道具制作的精良及整体制作水平的不断提高，真是了不起。美国人的血脉中流淌着一些欧洲的传统，但是他们没有被这个传统束缚，而是在继承的同时又建立了自己新的传统。这里面有很深层的道理，并体现在艺术创作之中。

这些年英国电影的发展，也学习了好莱坞，让它的电影也变得好看了许多，使得衰落的英国电影现在又有所复苏，这其中包括美英两国演职人员的穿插互用。新版的伊丽莎白《黄金时代》，以及一些新的文艺片、警匪片，包括美国和英国在英国本土合拍的《占领伦敦》，拍得好看、好玩，技术含量也很高，像真的一样，我们绝对没这水平。

拍不出来好电影，不仅仅是不自由限制了人们的行为和思想观念，还有不能真正塌下心来的原因。让我自己从头到尾经营一部电影作品，也很困难，因为我不想失败，也怕浪费时间。不想失败，就缺乏勇气，觉得还不如画画。

电影是集体创作，把握起来很操心，操作难度大，审查通过的风险也比较高。绘画则不然，我一个人干，你不让发

表,没关系,我就放着呗,反正也没有别人的资本投入,不用为资本负责。

在中国拍电影,你真的了解中国了吗?什么东西可以拍,什么东西不可以拍?要综合艺术规律、市场规律及制度限制找到一个路子。别人走过的路,再走是没有什么意义的。而就中国当代,电影不反映一些时代问题是不行的。例如老年题材,中国今天的老年问题的关键是什么?你能给周围的老人、青年人以什么启示?理想的老年状况和现实的老年问题是什么关系?……要综合考虑,最终找到一个契合点,而且是生动的契合点,还不能假,这样才可能好看。

在虚伪文化的环境中找到真文化,很容易不被别人接纳,因为人们在虚假当中生活了很多年,很多人已经习惯以假为真了,尤其是真文化会威胁到强力集团的既得利益,这会催生强大的排斥真文化的力量。

民间同样会排斥真文化,比如拆迁问题,要从两面看,其中也包含着一些老百姓中的混蛋。但把老百姓的混蛋写出来,同样不行,老百姓会说你污蔑我们,政府也不允许,政府会说,我们的老百姓有这么混蛋吗?这不是在破坏社会的和谐稳定吗?

我倒觉得拆迁这件事里面是有老混蛋可写的。老混蛋是好写的,拍出电影也会好看,但这些路子都被堵死了,你还能写什么?你只能写老混蛋如何不混蛋,还得真,还得叫别人接受,还得生动,这太难了。

你看看《推销员之死》,里边那个嫖妓的不就是个老混蛋吗？但最后你还是要同情他。儿女、老婆哭着喊着把他往医院里送，他还是可怜的。为什么可怜他同情他？因为最终是制度的混蛋，是假道学的丑陋，是那个政教合一的制度毁灭人性造成的一个人的混蛋。制度的混蛋没有写进电影，从头至尾没出现，但它是一个客观存在，它变成了影子，这个影子支撑着这个故事得以发展，一直到高潮。

有人让我比较我的表演和绘画，我说没法比。我只能说在绘画中我是更加自由的，而表演较难展开自我。

有一年，北京电视台找我做访谈节目，因为有现场观众，我没去。找我的制片人说，一个大导演说，姜文和李保田是伟大的演员。我当时的回答是，现在的中国不可能诞生伟大的电影及表演。

那个人不理解为什么有现场观众我不干。其实就像《艺术与癫狂》里边讲的，艺术家不愿意接触大众，但他心里包含着对大众的同情与悲悯，可他又连一个具体的群众都不想接触，但是我可以为一个角色去体验生活，例如《警察李"酒瓶"》。我就是这种人。

太多自私自利、蝇营狗苟的小人了。只要他们成为一个势力的时候，就一定是暴乱，一定是打砸抢。一旦动乱起来，他们一定也是美和善的破坏力量。"文革"、法国大革命等世界史上的很多事件都是证明。

我怜悯、同情他们，我可以为他们发声、鸣不平，但是我不想接触他们。就像我当年参演的电视剧《好男好女》，影片拍摄地的那些村民真是贫困，同时也真是卑劣。说好了，给了他钱，签合同，中途就给你把合同撕了，他还要加钱，你不加钱，他就把路给你刨了，让你拍完了戏走不了。一个个体的人可能表现出来是忠厚的——忠厚的长者，忠厚的晚辈，一旦抱团形成一个势力团体，就是一个不讲理的、自私的、混蛋的群体。

我就不移民，我就苟延残喘，但我的作品可以不苟延残喘。

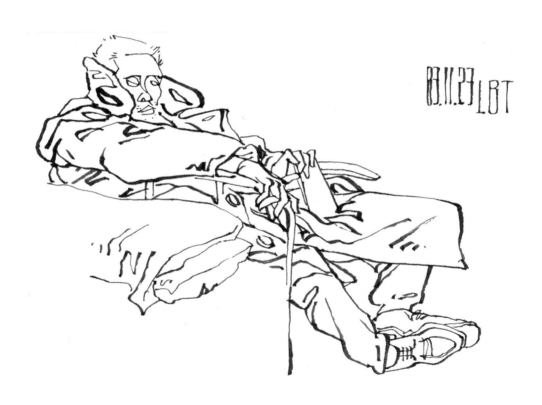

# 于是之与洋范儿

我很敬佩北京人艺的于是之先生。

1996年在地质礼堂搞了一个所谓的我的电影周,当时中央戏剧学院的老院长徐晓钟先生和于是之先生也去了。我说于是之先生是我精神上的老师,他听了很高兴。后来没几年,就听说他失忆了。

于是之先生的一次研讨会,北京人艺居然还邀请了我。我极少参加这样的活动。记得当时我讲了一个观点,就是于是之先生是用中国范儿演了中国人。

1949年以后,学斯坦尼斯拉夫斯基体系的一帮中国人演话剧,都或多或少地带有外国范儿,即使是演中国人,也难免有洋范儿。例如用很强调发声部位的洋发声法演中国话剧。演中国人,不能带有"洋表演"的味道。学了"斯尼"再演中国人，就较难去掉洋范儿。谁也不会说中国戏曲有洋范儿，它是纯粹的中国范儿。

不搞戏剧的人，对这个问题不敏感也算正常，但这涉及戏剧表演的真实性、可信性问题。

"斯坦尼体系"分两个部分，一个是体验，一个是表现。就像我们现在说话，我说什么你听在心里，这是一个真听的过程。把生活中的真听和真说的过程放在表演中，变成角色的真听、真看和真说，从这个训练开始，再找到外部强化出来的表现能力。苏联专家在"中戏"待了好几年，他们带来一种表演理论及方式，训练出了一批中国人，这一批人再训练中国的下一代人，是"斯坦尼体系"让中国的话剧成为了现代话剧。现代话剧不等于是中国话剧，中国话剧是以北京人艺那几个老艺人（还不是全部）为代表的话剧。

于是之也学过"斯坦尼"，但于是之为什么会是中国范儿的表演，而不是洋范儿的表演呢？还因为他研究过中国戏曲。看看他在话剧《名优之死》中演的那个丑角，多么传神！很多话剧演员的表演摆脱不了洋范儿，也跟他们不去钻研民族的东西有关。

我多年没有看过中国的话剧了，不知道他们现在的表演风格如何了，但我知道以前的话剧风格有点像是用洋唱法唱京剧的感觉。

中国人演洋话剧同样有问题。首先是一张改变不了的东方脸，你怎么装扮，也觉得是夹生的。

除了东方脸，不管哪个种族，只要是高鼻梁的，只要不是黄种人，谁演莎士比亚的戏我都信。中国人怎么演莎士比亚的作品我都不信。在我看来，莎士比亚的戏剧更适合我们东方人拿来阅读，而不大适合搬上舞台。

有一次请我去演一个洋话剧，我拒绝了，朋友说我是不是太极端了，我说不是。不单单是长相问题，我们也深入不进去，尤其是古希腊、古罗马的剧目，我们没有那个文化传承，我们血液里就没那个东西。

中国人接受"斯坦尼"的训练方法后再去演洋话剧，表面上似乎有点儿模样，但骨子里的魂灵在哪儿？你只是模仿个表皮，而且是很浅薄的表皮。所以我不能去演欧美的戏剧，不能演外国人角色。这只是我对自己的要求，我不管别人怎么做。

这似乎又回到了民族性、世界性这个老问题上来了。

这样说吧，恰恰是艺术的民族性及国界性的限制，才让真正优秀的民族艺术能够在世界上立于不败之地。如果没有这个限制，就容易胡来，有了这个限制，又容易被限制死。如果能够既尊重这个限制又能够恰当地超越这个限制，就了不起了。

同样地，洋人也很难搞好中国的东西。

清末慈禧太后还活着的时候，有一个在中国游历的英国的女画家，叫伊丽莎白·基思。她搞了很多反映当时中国现实生活的木版画，结果画中的人物怎么看都觉得不是地道的中国人，尽管也有辫子，也穿着中国的宽脚裤，也有小脚儿，也有清朝的官帽子，但你就是觉得他们不像中国人，只有个中国人的表皮。

再看日本画，即使日本人是学习的中国画，但是发展到后来，中国的水墨在日本的绘画里面也只占了很小的部分。日本画有学中国传统的痕迹，但绝大部分都是日本味道，只是里面有中国画的营养而已，而绝对不是中国画，鲜明地就是日本画。这就像于是之先生的表演，他吸收了外边的东西，但把它本土化本民族化了。他是用中国范儿演中国人。

# 表演的三个坎儿与黑社会老大

有故事有冲突有细节，戏剧人物才吸引人，但也要有升华。比如《马背上的法庭》，从头至尾都是生活流。日常生活里原本没有多少好看的故事，有的只是生活态，它到了影视剧中变成了生活流，就得靠细节、情节吸引观众。到最后这个老法官跟老女人告别时，才开始升华，戏才开始往观众的心里走。这个就是"戏眼"。

每个人都在现实的生活流中演自己。演员最初是将生活中的自己搬到戏剧表演中来，这就是"本色表演"。能够在戏剧中演出自己生活中的本色也不容易，要会放松。这是表演的第一个坎儿，而很多演员一辈子都解决不了放松的问题。放松本是塑造角色的手段，有的演员演了几十年的戏，却只能一直把放松当目的，他们演了一辈子的放松，却没能塑造出一个像点样的角色。接下来更进一步,就是能够尽量抛弃自己生活中的本色,能够演和生活中的自己不一样的人,这需要有能够模仿角色行为、气质、心理的本领,要有娴熟的表演技巧、表演经验作为支撑。这就来到了更高一级的"超本色表演"的境界。这是第二个坎儿。这个坎儿就把大多数演员给刷下去了。演到最后,演任何一个角色又能回归到自己——角色就是我,我就是角色。这是第三个坎儿。过了这个坎儿,一切专业的表演技巧就可以扔掉了。为什么可以扔掉?因为这些东西已经融入了你的血液里。这个地步的表演就基本没有"表演痕迹了",就自然而然了,就返璞归真了。以上就是表演艺术的"三个阶段三个坎儿",是一个否定之否定的过程。很多事物都有着这样的过程。这也就是老话所说的"看山是山,看山不是山,看山又是山"的过程。

电影学院的老师说我在《摇啊摇,摇到外婆桥》中的黑老大演得好,问我是怎么演的。

这是一个既定的角色,在这个既定的框架里,你想办法把自己的阴暗面拿出来不就行了吗?人性是丰富的,每个人都是人性的全息图谱,里面什么都有,就看你有没有能力把你想要的找到并演出来了。

我固然没有黑老大的生活经验,甚至没有接触过这种人,但我可以看黑社会的材料啊,我可以分析啊,可以把材料里边诸多有用的东西变成我的啊。最后再把这些外在的东西跟我人性中这方面的东西糅合在一起不就行了吗?这便是

支撑我处理这个角色的背后的力量。

我看过关于上海黑帮的四本书。不但要尽量了解黑帮的所有信息,还要了解、感受、把握当时的社会形态,还琢磨旧上海的思维方式。演的时候,我就根据这些东西化妆我的行为举止,化妆我的眼神,化妆我的台词语调,尤其是要化妆我的灵魂。此外还要再加上周围人的烘托,这个不需要我演,但也很重要。

我当时说,我又瘦又小,你们要尽可能给我找一米八左右的保镖,找他七八个。你看最后在岛上黑老大清理门户杀老二和小金宝的那场戏,我周围是一群又高又壮的手下,围着我这个还挺有礼貌挺有风度的小瘦老头。这个对比是对的,它把身材瘦小的黑老大的强大内心给烘托出来了。

我说我要是演拿破仑、希特勒、秦始皇,也应该是这样的。可以想象一个具体的画面:先是一队一队高大的士兵,到我入画时,是士兵们上半身的中景,我在士兵当中,因为个头矮,只露个小脑瓜顶,再用镜头把我拉全。那么多又高又壮的人都唯你马首是瞻,这样的对比之下,你的威严就出来了。这威严是他们给你带出来的,是别人给你烘托出来的。如果你自己来表现这种力量、威严,甚至还要展示身上的疙瘩肉,那不是跟施瓦辛格一样了?那就成打手而不是老大了。

人们说施瓦辛格不会演戏,就是个肌肉男,说他连二流的演员都够不上,是有一定道理的。他的火爆性格后来也挺讨人喜欢,但他演的是英雄状,不是英雄心理,不是英雄的灵魂，这些东西是剧本赋予影片的，不用他演出来，他做英雄状就行了，所以才叫"动作片"。英雄平常不是英雄，都是普通人，只有故事、情节把他推上来了，他才会显出内在的英雄本色。

# 把"王保长"当人演

我喜欢演小人物,因为我在意老百姓,因为小人物的性格、命运更丰富,更有味道,更好看。小人物更容易演得真实、丰富和深刻。首先是对于大人物的审查很严格,尤其是正面人物。其次是人们对于大人物的认知往往是公式化的,是带着成见的。所以演大人物容易被迫演成标签化,从而远离生活的真实及人性的真实。你不演成标签化,不但审查通不过,观众可能也不接受。我演过不少小人物,"王保长"则是我喜欢的角色之一。

有电影《抓壮丁》在先,我是比较喜欢这个片子的,同时很敬仰里面的前辈演员。如今我能以电视剧的形式重新诠释"王保长"这个人物,竟然有一丝幸福感。

我的这种幸福感还包括,我青少年接受的是阶级斗争教育,到了中老年,到了21世纪,国家有所进步了,我竟然可以用非阶级斗争的观念来重新饰演一个老的角色。

我这一代人,是在"非黑即白"的教育环境中长大的,而《抓壮丁》也是这个环境下的电影作品。如果我还按照老的观念塑造这个角色,即使演得再好,也无法摆脱旧时代旧观念的局限。《抓壮丁》里的"王保长",是国民党统治下的一个恶棍、小丑的形象,是个符号化、简单化、扁平化、政治化的角色。但是到了21世纪的今天,我们的社会进步了,观念进步了,那么对于这个人物的诠释,自然也应该有所变化,有所进步。如果还是原来的样子,我演他还有什么意思?那不是重复吗?

接下来我更具体的思考是,如何把这个反面人物演得尽量真实有趣一些。"尽量",主要指的是要把握好审查尺度,不能审查通不过,不能让投资人的投资打水漂。就此,"王保长"是可以成为中国的一个经典题材、剧目的。再过一些年,中国万一有了更大的进步,那时候的"王保长"跟我演的"王保长"又将会有很大的区别。

我也想把这样一个政治性很强的角色演到底,但是可能吗?只能让他随着政治的发展不断获得不同的艺术诠释。

就《王保长新篇》这部电视连续剧中的新"王保长",我的观点是,可以有一定的夸张,但一定要是脚踏实地的故事。要把"王保长"当作一个真实的人来表现,要摆脱简单化、政治符号化的套路。

演戏与绘画有一个不同点:画画,状态不对,没有感觉，没有冲动，可以不画。演戏不行，这是集体创作，是流水线作业，停机一天就意味着十几万、几十万的经济损失。但是演员没有感觉、没有状态怎么办？敷衍了事地演会降低水平，但不演又不行。此时就要靠演员的修行了，要有能够强迫自己进入状态的能力。

"王保长"是一个独特又短暂的历史时期（国共政权更迭的历史瞬间）的人物，也是我生活经验之外的人物，怎么才能够演好他呢？首先要做功课——研究时代特征、地域风俗、人物心理、生活习惯、语言习惯、思维习惯……有了这个基础，你才能把自己变成比较真实的"王保长"。如何在几个月的时间内能够保证随时进入状态呢？基础是首先要扎扎实实地找到角色的感觉，其次要靠经过多年训练培养起来的演员感觉、职业素质，也就是自我控制的能力。可以举一个更好理解的小例子：所有的灯光对着你，一堆工作人员围着你，你明明知道这是在演戏，却要瞬间哭泣流泪。这是更小的更容易的自我控制。如果连这点能耐都没有，就只能点眼药水了，但是点眼药的哭，一定不如进入状态、自然而然的哭真实感人。深层地进入角色状态比自动流眼泪要难得多。进不去，就假，连一句台词、一个表情、一个动作、一个眼神都会透出假来。像我这样的行内人对这种假会更敏感，不良反应会更大，所以我很少看国产影视剧，受不了，会难受到恶心的程度。

由一个，20 世纪 60 年代的电影《抓壮丁》到今天的一个二十六集电视剧，如果故事及人物没有大的变化，就不可

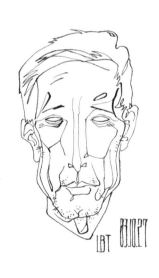

能有大的扩充。然而如何变化、扩充才好呢？这是个更宏观的问题。《王保长新篇》若想成功，这个问题必须解决好。

　　《抓壮丁》里的"王保长"，是简单化、符号化的阶级敌人，到了21世纪的今天，我们要把它复归为一个真实可信的普通人。他不仅不是敌人了，甚至不是一个负面的人，他是一个特定时代的产物。"王保长"跟我们这些普通老百姓一样，都是生活中的小人物。我希望观众能够跟"王保长"产生情感的共鸣、命运的共鸣；能够在"王保长"身上看到自己，看到自己与他的差异，更要看到自己和他的相同点。"王保长"是一面镜子，我们不妨对着这面镜子来认识自我、调整自我。阿Q、华老栓、孔乙己、祥林嫂……不都是我们的镜子吗？

# 我最喜欢的一个角色

我留下的角色并不多，平均一年不到一个。最近几年拍得更少。

经常有人找我演老头儿，我基本上都拒绝了，因为这些角色没意思。谁都能演的角色，我干嘛去演？这些老头儿骨子里都差不多，演了就是不断地重复，我对重复没有兴趣。你来个有难度的，对我有挑战性的，我就愿意演。

2019年我接了一个，电影《寻汉记》中的一个老头儿，唐大年导演。我为什么演呢？因为这个老头儿跟别的老头儿不一样，是一个有意思的老头儿。遗憾的是最后还把我这个角色最精彩的部分都给剪掉了。其实正是因为看到剧本中有这些精彩的部分我才接这个角色的，否则我才不接呢。最后我坚持在字幕中不要把我的名字放在第二，应该放在第三，因为这是两个年轻人的戏，我只是个陪衬，把我排在第二，不实事求是，也对年轻的男一号不公平。

《丑角爸爸》中的角色，是我最喜欢的，因为我把自己的从艺经历糅进去了。包括我对戏班生活的把握，对人和人关系的把握。甚至把成长的烦恼、家庭的矛盾、传统戏曲的命运等都糅了进去。收视率不太高，这与多数年轻人对京剧缺乏兴趣有关。

　　这个本子在社会上转了很多年都拍不了，我劝投资方把它买下来，省文化厅的副厅长看完剧本后，说这个剧本也就是六十分。他说如果你李保田愿意接这个戏，并愿意着手调整剧本，我们就可以买下来。后来我们找了一个上升期的年轻编剧执笔修改。我提了总体修改意见后先改了第一稿。然后再一场戏一场戏地讨论、修改，出了第二稿。回来再以更加苛刻的标准去改第三稿。改到第四稿，那个副厅长说接近九十五分了。我敢说，反映中国的戏剧院团在那个历史阶段的电视剧，非《丑角爸爸》莫属。更关键的是，通过这个故事，还表现了社会，表现了时代变迁，表现了戏曲的没落，表现了人。

　　1987年的《葛掌柜》，是我获得第一个飞天奖的电视剧。从那时到今天，我都是以真实生活中的真实人物为基础来对待角色的。

　　接拍《葛掌柜》时，剧组的人很有意见，说本省有那么多演员，干嘛要从外省借调来一个演？还是一个名不见经传的人。后来有人告诉我，我刚进剧组时大家都等着看我的笑话，结果演完第一天的一场戏大家就没话可说了。

　　这场戏是我饿急了偷人家地里的红薯吃。一个镜头拍下来，从扒红薯到在身上蹭土，再到双手往膝盖上一磕、一掰，再到啃红薯。就这一场戏，从此就谁也不怀疑我了。我为什么能演好？因为我做过半个叫花子，我知道饥饿是什么感觉，体验过濒临死亡的恐惧。我有这个生活。

然而你再怎么有生活，也不可能对于所有的角色都有亲身的体验。但是生活是可以分析的，你是可以由此及彼的。例如"喜来乐"这个角色，我怎么可能有清末郎中的生活体验？但是我可以用今天的生活、今天的人去分析他，再用分析后找到的感觉去演这个清朝的人。人的那些根本的东西，许多是不会变化的。你找到了这个不变的东西，再找到这个人物与众不同的东西，再找到自己与其他演员塑造这类角色不同的东西，这个角色就是你的了。

## 好题材 影视剧要有

电影不是光荣榜。看电影看的是故事，看的是冲突，看的是人间不平，甚至看的是灾难。警匪片、犯罪片、宗教片、反腐片、重大题材片……这些都要事先审查，影视剧的丰富性就会丧失殆尽。立项、写剧本，我们首先要弄清楚审查标准，可实际上谁也不告诉你具体的标准都是什么，于是很多剧本就没法写了，就不敢写了。

黑社会是如何起家的，是如何鱼肉百姓的，这当然不是和谐社会的故事，它是和谐社会的反面，然而不呈现社会的阴暗部分，又如何衬托出和谐社会之美好？如果不拍贪腐案例，如何将贪官交给大众鞭挞？如何让在位的官员们引以为戒？是什么人才不愿意看到这方面题材的作品？大概只能是黑社会组织里的人及贪官们不愿意看。所以我们不能排斥

《人民的名义》这类作品，即使它的火候不够，也是聊胜于无。你看那些贪官的发家史、堕落史、湮灭史多有意思，多有故事。

看故事的人多是穷人，多是普普通通的老百姓。他们愿意看一个普通人的发家史。人们看正常人的发家史、奋斗史的时候，能激励自己或者提醒自己不要忘掉过去，不要忘掉自己的奋发史。老百姓更爱看贪官的发家史，看他们是如何鱼肉百姓的，是如何勾结黑白两道的，又是如何毁灭的。观众羡慕嫉妒恨他们的同时，更愿意看到他们是怎么掉下来摔死的，看了这个才能出一口气，才会有走出影院后的心情舒畅。能够接触到大量的贪官素材原本是电影人的幸运，但要把它变为题材、搬上银屏才行。所以，好的影视作品对题材是有依赖性的，如果从题材层面就卡死了，影视艺术是不可能繁荣的。

还有比上面所讲的类型更高级的影片。这类品位更高的片子，会更强调给人们的灵魂带来温暖及抚慰。像《入殓师》《樱桃的滋味》等。这类片子更向"艺术片"靠近了。它不刺激，娱乐性弱，大都票房不会很好，但深刻、独特、耐人寻味、离低级趣味更远。只有文化水平、思维水平较高的人才愿意看这种片子。因为这类片子往往市场不好，也就很难找到投资，加之制作这种片子要求创作者的文化艺术素养要更高，所以也就产量很低。

各个艺术门类中能够达到这个高度的作品都很少，摄影艺术领域吕楠的《三部曲》达到了，很不容易。听说喜欢它的人还不少，这就更不容易了。

　　《三部曲》中我最喜欢《四季》，然而我也想过，这个东西如果拍的不是西藏人，而拍的是老年的托尔斯泰会怎样？可能更真实，更有说服力。因为托尔斯泰的平静，已经彻底超越了贫穷、愚昧、迷信。而西藏人，还没有经过发达，没有经过富足，还是在贫穷中自得其乐，再加上被藏传佛教的洗礼，这种情况下的平静、幸福并不高级。如果藏民进入了高度发达的社会，再回归这种朴实、原始的生活状态，而且还是这样的平静、喜乐，那才叫伟大。所以我觉得，《四季》所拣取的只是生活的一部分，只是藏民生活的一部分，而更多的是作者的理想表达，哲学表达。作者是用真实生活中的局部真实在为自己的观念、理想服务，所以，《三部曲》总体上离生活纪实摄影比较远，离新闻报道摄影更远，而属于比较纯粹的高端的以摄影为手段的艺术创作。《三部曲》的魅力首先是艺术魅力，可是它里面又包含有生活纪实摄影、新闻报道摄影的因素及魅力，所以它好看，它通吃，所以它能够达到"有一千个读者就有一千个《三部曲》"这样极高的艺术境界。

# 我带学生的第一句话

我带学生，第一句话就是"你们要学坏"。

"学坏"，就是要有否定一切经验的意识。不要轻信老师，不要轻信大师，不要轻信任何理论、组织、大人物，不要做顺毛驴。人要有质疑一切的精神，但是最好建立在一个基础上，就是你得有一定的鉴别能力。有了这个基础，质疑精神才可能有实际的效果。

年轻人进"中戏"的头两年，先要锻炼自己的鉴赏力，到了高年级就要开始努力"学坏"。以画画为例，一个人把画画好了很难，画很好了以后再把它有意"画坏"更难。齐白石、黄宾虹、毕加索、米罗他们都是这样做的。也就是说，艺术这个东西是从简单到复杂，再从复杂到简单的过程。这是返璞归真的过程，是创作出优秀艺术作品的规律。

技术也是这样的，你首先要掌握技术，提高自己的能力，有了能力以后再把技术忘掉。

上课的时候我还跟学生说，年轻人在创业阶段、上升阶段，首先要在激烈的竞争中为自己争到一个饭碗，让自己的日子能够过得去，所以不妨努力去得奖，不妨适度地去投其所好。但是一旦获了奖，确立了自己的行业地位，吃喝不愁了，你就得做点正经事儿，做点人事儿；就得以艺术的途径为这个民族，为这个时代，乃至为世界做点贡献。而拍马屁可不是贡献。如今有不少官二代、富二代也学习艺术、从事艺术，这种人没有生计之忧，这本来是一个优势，可以更加轻松地来到艺术的高端，但他们之中有多少人有这个意识，有这个抱负呢？欧美的历史中有不少这种出身富有却精神高贵、成就斐然的人，但愿今天的中国也不乏这样的人。

今天的国人对于中国的传统文化尤其要小心。我们近几百年来在精神上思想上没有什么很像样的建树，更没有对人类文明发展具有重大推动作用的建树。我为什么有些不喜欢孔夫子？因为他提倡"君君臣臣父父子子"这一套，并一直被帝王们发展、利用。

不教课了，还因为一个两难，就是你跟我学，会饿死；你不跟我学，我教你干什么？

# 表演专业不该有博士

艺术学可以有博士，但是表演专业不该有博士。博士搞的是理论层面的研究，是理性的思辨、探索、总结，是找规律，找标准。表演不是，它是实践。博士用文字堆出来的理论是可以量化的，表演很难量化。后来中国的一些演员也搞到了博士学位，他们真的有那个学术能力及学术成果吗？未必。当然了，学历问题是中国的一个普遍问题。

然而演员最好也要有文化，没有文化的演员在今天是走不远的。时代进步了，艺术进步了，只会耍手艺不行了。

文化还是用来享受人生的。没有文化的人，即使活了二百岁，他的人生也缺少丰富的享受。如果我不是一直跟文化艺术较劲，就体会不到文化艺术的广阔，就进入不到文化艺术的深层，就只能做个"熟练工式的演员"，那我这一辈子不知道会少了多少人生的享受。今天看来，这简直是不可想象的，是难以容忍的。

　　文化还让我知道了，自己要活得隐藏一点。要想不断地享受艺术，要想完成自己想做的事儿，首先是要平安。我常常会提醒自己要小心，别得意便猖狂，要夹着尾巴做人。夹着尾巴不等于没有尾巴，我的尾巴在我的画里都露出来了，但是画不像影视作品，它可以不马上面世。

## 演员不变的东西

演员不变的东西,是要对得起观众,对得起老百姓。

但是这有个前提,就是你要对得起自己。只有对得起自己,你才有可能对得起观众。你对得起自己,首先就是要自尊自爱。一个缺少自尊自爱的人,是很难去爱别人的。你的良心有多重,自尊有多重,决定着你如何对待自己的职业,决定着你如何对待观众。

# 艺术散论

Writings on Art

贡布里希的《艺术的故事》及《詹森艺术史》《艺术博物馆》，这三本书里没有一笔关于俄罗斯巡回画派的评价，也没有收录其一幅作品。为什么？俄罗斯的油画是学法国学院派的，它在整个西方美术史中没有起到推动、发展的作用。学院派之后，是印象主义的胜利，是对于学院派的"酱油色"的超越。我对列宾、苏里科夫等有感情，是因为我觉得他们的作品里面有戏剧性，这对演员出身的我有吸引力。但从美术的角度讲，他们基本上连法国的学院派都没有超越，只是有些俄罗斯民粹主义的本土化而已，题材也太具体化了，跟新古典主义的安格尔都没法比。后来中国学习西方美术，因为冷战，俄罗斯画派是我们唯一的模仿对象，欧美等学习途径都被堵塞了。这是我们对俄罗斯、苏联美术有感情的另一个原因。值得欣慰的是，最近我又得到了修·昂纳与约翰·弗莱明合著的《世界艺术史》，其中给了俄罗斯巡回画派小小的篇幅，有文字，还有列宾的画作《意外归来》，这多少满足了我的情感需要。

苏里科夫的《近卫军临刑的早晨》及《大贵族夫人莫罗索娃》，真的是很有戏剧性，真的是非常俄罗斯化，而这种油画民族化的贡献，不能构成西方绘画史上的独特价值。

《丑的艺术》里面关于媚俗这一章节，选了几张画，有希特勒时期的宣传画，有斯大林时代的万众欢呼。而所谓的前卫艺术，是对模仿艺术的模仿，这个"模仿"，指的是对模仿艺术社会效果的模仿。其中包括市场需要，包括意识形态需要。艺术市场是艺术家金钱的保证，意识形态关乎艺术家的身家地位，你可以吃香的喝辣的，可以纳入正统，进入主流。

比如《毛主席去安源》，是对"文革"之初第一张大字报的社会效果的模仿，然后又有一批画是对这幅画的社会效果的模仿，就是普及，就是大众化，就是政治利益。

尼古拉·费申的画个人特色十分鲜明，不光形抓得准，还生动。生动是他最大的特点。你现在也会觉得他的技法依然很棒，但那是他，你不可能重复他，重复没有任何意义，现代人更强调寻找自我。

至于费申作品的精神性，他画的都是普普通通的世俗的人，没有一个是尖端人物，这大大增加了作品富含崇高精神性的难度。普通人就是普通人，画得再帅气，也还是普通人，而在普通人身上是少有了不起的精神气质的，提炼起来就很难，所以费申不可能在精神上有多么深入的发现及表现。

摄影家吕楠的作品则不然。虽然他拍的也是普通人，而且不见客观介入的痕迹，这使得他的作品看上去很客观，但他有技法的介入，尤其有主观的精神情感的介入。他对被摄对象没有更多的直接感情，但我时时刻刻都能在吕楠的作品中看见他自己想要的东西。吕楠拍摄的是西藏人日常生活的表象，其作品朴素的表象下面，包含了他在普通人的世俗生活中发现的那种精神的崇高和美。他依据自己的精神情感需要去旁观，去抽取。

我猜，吕楠拍摄西藏人时就是在那等。他也不是十分清楚，不是什么都能预测到，但是他是有感觉的，他用这个感觉去撞。有人可能会说他运气好，为什么他运气好？是因为他花的大力气在那等，不花力气在那等，你永远撞不着。他只能等，只能撞，是没法导演的。表演大师都演不出来吕楠作品中人物的神态，何况普通人。从某种角度讲，他的艺术成就，是他多年的辛苦造化，是造物主看他可怜，让他不断撞上他所要的。他的摄影创作，是靠他心里的某种朦朦胧胧的想法，在现实当中等出来的，撞出来的。

我看吕楠的东西时，也会"角色进入"的，我会把自己变成吕楠来想象他创作的情形，所以我能够大概猜出来吕楠是怎么搞的。这种"角色进入"要有一定的认知经验和创作经验，以及我和客观的互动经验作为支撑。所以我才能说吕楠在九年的具体创作中，一定有大量的"等"，不等，那个理想的画面怎么能够让你频频撞上？其实真正的玄机是"等什么"，次之是"如何等"。傻等是不行的。

　　表现和写实是两个概念，表现强调的是主观的介入。写实未必没有主观的介入，但是它的形式要尽可能客观一些。甚至可以说，写实作品的精神表现要含蓄一些，难度反而会更大一些。这一点在吕楠的《四季》中尤为显现。

　　吕楠长时间独身一人在西藏拍摄，最多一次待了九个月，他听巴赫，点着蜡烛读歌德，读哲学。我猜这个时候是痛苦的、艰难的，但也是快乐的。因为在人间罕至的地方能够独守，能够阅读，这才叫禅。

　　现在很多人讲禅，完全是假的。吃着肉泡着妞挣着钱，然后说我有禅意，不要脸，无耻。

　　那天一个研究生说，中国文化博大精深，要带到中小学校里去，要带到外国去。我说到今天还在用所谓的博大精深来愚民呢，还要借此糟蹋老百姓的钱。

　　"为人民服务"这五个字多好啊！咱不说谁是"人民的公仆"，这有点贬低、不平等的意思。为老百姓服务就行。"实事求是"这四个字也很好啊，这是几十年前就写在延安礼堂大门上面的。

## 杂谈·天赋

Tittle-tattle of talent

　　我觉得我不是天赋型的人，我只是个一般人，不过我们家兄弟几个都对艺术有点情有独钟，或许也有一点点灵气，但我觉得更多的还是自己不断地要求自己，而且实践是最重要的。

　　就性格心理而言，我是个不甘寂寞的人，但对社会对人事，我又是个甘于寂寞的人。都不甘寂寞就别想做出点儿事情来。

　　我总觉得儿童时期在我母亲医院看到的那次生育展览对我后来的艺术之路有着重大的作用。我觉得这些展品是对我走向艺术之路最原初的激发。一直到今天，这些东西还是在我的有些作品中隐约地存在着。具体一点说，就是关心生命，关心人，包括关心性，性是生命的一个形式。

# 日本电影

Japanese Film

　　日本电影具有典型的东方化特点，是典型的东方种族的产物。日本又是一个善于学习的民族，不管是从中国学习的绘画、建筑，还是从欧洲学习的电影，所谓的日本化，是一个消化以及吐纳成形的过程。

　　日本电影的质量同样是参差不齐的，世界级的好导演如黑泽明、今村昌平等。

　　今村昌平的《楢山节考》《赤桥下的暖流》都是世界级的好片子。前者20世纪80年代获得了戛纳的金棕榈奖。《赤桥下的恋情》拍的一个恋情故事，真是生动。这两部电影，一个写过去的日本，一个写当代的日本，都是关于生存与性的。

　　《楢山节考》是有真实背景的关于老人的故事。说的是那时的日本，人到了六十岁，必须被儿女们背到山上去饿死，因为有限的土地只能供养有限的生命。这个老太太快六十的时候，要拿石头把很好的牙磕掉，以表现自己苍老了。片子最后是，把老太太背到山上，儿子不管多么不情愿，还得下山，老太太就坐在一堆尸骨的包围当中慢慢等死。

《赤桥下的恋情》则是拍得太好玩儿了，简直无法叙述。《楢山节考》还可以讲出一个故事，《赤桥下的恋情》连故事都不好讲。一个近八十岁的老家伙，竟然能拍出这样好玩儿的东西。

北野武的《花火》也是具有世界影响的好片子，里边的很多插图，是出自北野武的手笔。当年我参演的电影《有话好好说》入围威尼斯电影节无斩获，剧组的人说金狮奖给了日本影片《花火》，一个写黑帮故事的片子。我当时愣了一下，我想他们这话怎么带有点贬低的口气啊？后来回到北京我找到片子一看，就服气了。

# 杂谈·文学
Tittle-tattle of Literature

"百花奖""华表奖""金鸡奖""飞天奖"我都得过，"金鹰奖"得了四次。第四个"金鹰奖"是武侠小说家金庸给我颁的奖，我把奖杯放在台上了没有要。我说这个奖杯留着给今后的年轻人吧。不要这个奖杯的另一个原因，是我比较反感金庸的小说。

他所有的武侠小说的核心价值观，都是新的武林霸主要取代旧的武林霸主，就像一个新的封建王朝要取代一个旧的封建王朝一样。这种取代原本就没有正义非正义可言，而取代的过程，则充满着肮脏的阴谋及残酷的杀戮，毫无正义、人道主义、尊重生命可言。每一个新的霸主，都是先要不断地杀戮，用芸芸众生的尸体堆砌一个金字塔，最终他站在塔尖称霸为王。这个过程中，尔虞我诈、背信弃义、视生命如草芥等，都变成了理所当然、自然而然。可以说，金庸的作品是在宣扬中国封建历史中的糟粕，价值观是腐朽低下的，甚至是反文明的。他的书在中国大行其道，说明现实的中国人、中国文化是有很大问题的。

当代中国作家中，阎连科的作品我很喜欢。他的作品狠得叫我睡不着觉，能够深深触动我的灵魂，而且几乎是每一篇都有能触动我的东西。

他的作品，让我看着看着就想把书摔了大吼，就想破口大骂。如果文学作品没有反思或批判现实的力量，如果不能揭示人性的复杂，如果不能触动一部分人的灵魂，这个作品就缺乏经久的价值，就很难流传下去。

新出来的作家老奎的《驴王》《恐惧》也不错，很细腻，有分量。但它还形不成一个系列，不能用拳头说话。大艺术家就是每一个作品都好，像一根根健全的手指，然后是很多作品形成一个有力的拳头才成。

我什么资料都看，但是读好书，还是过瘾、享受。就连遣词造句，都能引起快感。邵燕祥和阎连科的书，都有阅读快感，莫言的有部分快感，他的语言没有阎连科那么生动。邵燕祥的语言朴素而不简单，都是大白话，但是有内劲儿。李洪林的文字从文学性的角度讲跟他们没法比，但他的东西照样好看，有分量，有力量，逻辑清晰，没有一句废话。

有人想送我书法作品，问我喜欢什么内容，我说就写"更上一层楼"吧，或者"更上层楼"也行。

比较而言，其实我更喜欢"好高骛远"。我就是个好高骛远、眼高手低的人。我小时候就常常被人贬损为眼高手低，因为我看不起这个看不起那个，看不起地方戏，就说京剧好。老艺人就说你一个小屁孩儿，你懂个屁啊，眼高手低！

我考中央戏剧学院时就说，我眼不高，手永远没法高；我只有眼高了，手才能逐渐地跟着高，才有可能高。

多年后让我在学院的院庆会上讲一段话，我的第一句话是，"中戏"是个伟大的学院，它让我一个井底之蛙，一个外省小文工团的井底之蛙，跳到了中央戏剧学院的井沿上。经过一段学习，我发现，和世界比，我还是在"中戏"这个更大一点的井底，我希望再爬到井上面看看。第二句话是，"中戏"是个伟大的学院，它让我学有所成，让我的儿女变成了能够自食其力的人。我的这两句话，应该是对中央戏剧学院很好的评价。学院，就应该是培养"不满意的青蛙"的地方，培养你不满足现状，培养你要不断努力。

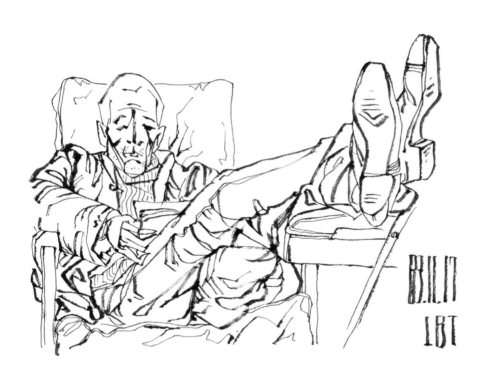

# 杂谈·电影

达斯汀·霍夫曼的优秀主要在于他的全面，各种角色他都演得很出色。

令我佩服的，是那些我无可企及的。米开朗基罗、卓别林就是不可企及的。

卓别林是伟大的、全面的。在电影的童年时期，是他把电影的语言、语法完成的，他的作品是电影语言、语法的词典。今天所有的电影都没有离开这个词典。就像巴赫是西式音乐的《旧约》全书，是音乐的《圣经》，卓别林是喜剧和电影的《圣经》。

画界我最佩服的是米开朗基琪罗。拉斐尔跟他没法比，达·芬奇可以跟他比肩，但达·芬奇涉足的领域太多，使他的作品在力量上不如米开朗琪罗。如果说人作为上帝创造的一个东西，能够靠自我完善来跟上帝创造的东西比肩的话，那就是米开朗琪罗创造的东西。他用一个几十年的生命做出了可以跟上帝的创造物媲美的东西。

米开朗琪罗的作品崇高到极致，他的崇高里面还有凛冽、严峻，甚至还有点肃杀之气、还有丑。他的作品是崇山峻岭，不可亲近，带有危险的力量。

不能都是桂林山水之美，也得有珠穆朗玛峰之美，而后者是罕见的。

米开朗琪罗是上帝的代言人，他才是真正的上帝选民。

鲁迅是不可替代的中国文化巨人，他没有达到世界性，只有日本和韩国等对他有些研究。他是牺牲了作为世界级的文学大家的前途，来执意启发国民的。

鲁迅真的了不起，他一个人敢与所有人为敌，绝不妥协，绝不投降。他坚持自己认为的真理，而且还活得比较潇洒，娶妻生子什么都做了，还能在那个战乱时期有较安定的生活，跟日本人既有交往又有原则，他做得真好。

法国电影《爱》里面，老头最后用枕头闷死妻子的情节有分量。既残酷，又觉得只能如此，无可替代。理论上有很多种结束的办法，但是哪种办法也没有这个真实、合适。这个真实是真正的精神上的真实，是这种关系下可能的"最真实"。其他的设计可能也真实，但震撼力会减弱。一个也是风烛残年的老人，活不了多久的人，被另一个人磨得一点生活质量都没有，而且关键是他爱她，他无法忍受她的痛苦，无法忍受她那痛苦的惨叫。这个残杀举动的核儿是爱，但是它会带来一系列的法律、道德、伦理、人性等方面的尴尬及思考。

阿尔·帕西诺、德尼罗、达斯汀·霍夫曼是一个时代的三足鼎立，马龙·白兰度是他们的父辈。但是马龙·白兰度拍的烂电影太多，这里面有一个原因，就是他儿子出了人命案以后，拖累他不得不去挣钱打官司。作为一个老人，这挺悲惨的，但也有他自己的责任，就是教子无方。他最好的电影是《教父》和早期的《码头风云》。马龙·白兰度一辈子的努力，好像都是在为《教父》做准备的，爬到顶点也就不再走了，也就再没有好机会了。

梅丽尔·斯特里普真是运气好，也真是有能力，她应该是女演员里面最厉害的，其历史地位可以跟当年的赫本媲美，两个人都是三次奥斯卡奖的得主，她们都是历史上的高峰，而高峰和高峰是不好比较的。

中国绘画的高峰和意大利文艺复兴绘画的高峰，不能说谁第一谁第二。艺术史是由一个一个的高峰组成的，它们之间是不可替代的。

还有个了不起的英国演员，丹尼尔·戴-刘易斯，也拿了三个奥斯卡。他是一个拿生命去演戏的人，一部戏演下来简直就是一次脱胎换骨。就因为他演一部电影就像死亡一次，所以他受不了。

配角、小角色是可以演的，只是不过瘾。好多电影叫我去演个配角，其中不乏有些人看中的是我这个人以往获得的成果，想用我曾经的成果来为今天的这个片子服务。这个当然可以理解，但是我不愿意，我对没有任何意思的角色实在是没有兴趣。人家利用你曾经有过的不俗表现，为一个个俗而又俗的东西捧场，这就是卖脸。他们想用我曾经的不俗来为这个俗做点包装，想让这个俗不俗，其实这是没有用的，反而是更俗。

美国只有二百多年的历史，美国电影光靠它自己的历史不行，它没有那么多故事，所以它也拍欧洲的故事。中国解禁后，我觉得电影会好很多。因为中国的题材太多，文化太悠久了。中国三千多年的历史，黄土有多厚，故事有多深，尤其是近现代的题材，太丰富了。别说那些历史大人物，每一个历史阶段都有一批一批有意思的小人物的故事。

为什么世界电影不用中国题材呢？原因之一是面孔。美国人拍欧洲故事当然没问题，他也拍拉美故事，他有大量的说西班牙语的墨西哥移民。但美国不可能用美国华裔来拍美国电影，因为美国华裔在美国占不了主流地位。举一个例子，有一个电视剧，已经拍了五季了，里面全部用的美国的墨西哥裔的女演员来演的，讲的是女佣的故事。那些人的表演能力，我们根本没法比。美国也拍苏俄故事，只要是面孔有可能，它都可以拍。只要不是东方人的故事，谁也没有美国的能力强，但是亚洲面孔他就没法弄了。不是文化差异的原因，就是欧美对东方故事还是兴趣不大。意大利裔的导演贝纳尔多·贝托鲁奇拍过一个中国末代皇帝的故事，还用的是说英语的华裔演员。

美国人就不怕你损他。健康的东西是常常需要看看病

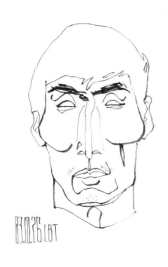

的，这样它会更加健康。只有腐烂透顶的东西，才碰都不能碰一下。就像一个皮里面都腐烂成水的烂苹果，捅一下就可能崩溃。

关于杜尚的讨论与批评，在美国是很正常的事情，在中国就有点不尊师重教了，甚至是欺师灭祖、大逆不道了。尤其是中国的那类"主流艺术家"，是不能被深刻批评的，更不能否定。这种老人文化现象，在今天中国的"主流文化领域"没有很大的改变。

卓别林说过，相对于艺术，人的生命太短促了。

京剧、西方的歌剧，都走到末路了，没有新的歌剧，有的是新的音乐剧。

贝多芬的音乐，尽管它是18、19世纪的，但它又像是20世纪作品的感觉。他的作品精神上是向往自由的，是向往世界和平的，是向往人的全面的展开的，这种感觉又像是21世纪的。

但是京剧不管怎么改良，过去的那些剧本，都是封建意识形态的产物，就是君君臣臣父父子子那一套。中国的传统戏曲，表面上也有爱有善，但是骨子里还是忠君的，意识形态的色调还是封建的。我们可以把它作为一个东西放在那儿，但你绝不能把它作为一个精神模仿的对象，可是贝多芬的作品就可以作为精神的模仿对象。

巴赫，任何一个时代都可以有他的地位，莫扎特也是全世界的，任何一个时代都会听他，他为所有的时代服务。而毕加索，只是20世纪的。

京剧、歌剧、交响乐，都是很古典的形式，但很不一样。我觉得它们之间的关系很复杂，而且很有趣。研究它们之间的差异、关系，可能有利于揭示艺术一些深层的、本质性的规律。

　　例如巴赫的音乐，它是为上帝服务的，其实也是为善、为爱服务的。最终我们可以把上帝当成全人类，把全人类当成上帝，这样巴赫那为上帝服务的音乐，不也就是为人服务了吗？况且，人类只要还有宗教信仰，甚至只要还有信仰，巴赫的音乐就会有听众，就能打动一部分人。

# 杂谈·音乐

## 瓦格纳与贝尔格

20世纪90年代,法国、意大利、比利时合拍过一部电影《绝代妖姬》。写的是18世纪欧洲一个被阉割的歌手的故事。他的声音高亢而柔情,能比小号还高两个调儿。他跟小号比拼,最后把小号唱哑巴了。

亨德尔为阉人歌手写的曲子,正常的男歌手唱不上去,后来只能由女次高音来演唱。我有几张这样的碟,听声音很棒,但不能看形象,因为女人演男人怎么看都不舒服。

《绝代艳姬》说的是被阉割的演员的故事,但核儿还是在说社会,说命运,说人性。好的艺术作品只有空洞的形式不行,形式还要很好地表达精彩的内容,并要让人们喜闻乐见。

什么叫瓦格纳歌剧，就是把台词音乐化，把德语音乐化。这就是他改良的新歌剧。瓦格纳的歌剧就是不间断的音乐流，没有停顿，一幕下来有乐器的变化、声音的变化，但是音乐没有停顿。一幕四十分钟，就是四十分钟的音乐流，一部歌剧四个多小时，就是四个多小时的音乐流、旋律流。

　　这是我自己的总结，不是别人教我的。我这个人羞于拜师，不是我不想拜师，是怕别人拒绝。我的脸皮太薄。

　　艺术中的有些东西，你可以不喜欢，但你得了解它。瓦格纳的歌剧我到现在也不喜欢，我只喜欢他的一个歌剧叫《漂泊的荷兰人》，因为这个还有点威尔第和普契尼的遗存。它是瓦格纳歌剧新老过渡时期的一个桥梁，还有点旧歌剧的影子，里面还有咏叹调，还有宣叙调，还有中间间隙，还有完整的诗一样的歌词。

　　还有一个歌剧得听一下，就是贝尔格的《璐璐》。贝尔格是瓦格纳之后20世纪新歌剧的代表人物，只活了五十岁。《璐璐》真是难听，但它表达了精神及深层次的个性。他死之前只完成了一半。直到他死之后，他的老婆都拒绝任何人完善、演出他未完成的后半部分，因为里面隐藏有丈夫的秘密恋情，他老婆吃醋。他老婆死了以后，才得以上演完整版。

　　艺术发展到后来，越来越难听、难看、难懂，这是个很值得思考的问题，我是带着这个问题来画画的。这个问题涉及艺术与大众的关系，涉及艺术的社会价值，涉及艺术的普适性，涉及艺术的生命力，涉及人类艺术的走向。

## 三大男高音

三大男高音中，我比较不喜欢的是多明戈。老了，唱不上去了，还到中国来挣钱。不管什么原因，都不该来。敛了钱，说我感冒了，唱不上去，对不起大家了。上海的一些观众居然还给予热烈的掌声。我不知这是宽容还是犯贱。帕瓦罗蒂像个大孩子，多明戈"老江湖"的气味很浓。

三大男高音中我最喜欢卡雷拉斯。他发声条件不如帕瓦罗蒂，但他的演唱最有诗意。带着癌症，却毫不惜力，全身心地投入，纯洁又可爱，有着伟大艺术家的心灵及气质。

歌剧演员就是肉乐器，但应该是有灵魂的乐器。

## 民乐与和声

西乐的和声效果太好了。

中国音乐是近一百年来才有了真正的和声的概念。中国音乐多是大齐唱、大齐奏。一百个不同的乐器奏着一个调调。中国民乐队不管规模多大，声音也是单调的，没有厚重感，如果没有节奏和旋律，就如同噪声。民乐缺少低声部，后来用了大提琴，也还是不行。我宁可听中国的打击乐。

什么都要求是一个调调儿、一个声音，不允许有不同的声音，结果搞得音乐也是这样。交响乐就不同了，它是不同的乐器用自己的音色发出不同的声音，构成不同的声部，奏出不同的调调。这些声音交响在一起，相互冲突，又形成和谐，是冲突中的和谐。

莫扎特六岁就能弹钢琴演出，十岁就能写作钢琴协奏曲。虽然里面有海顿的影子，但是你想想，一个十岁的孩子，就能在五线谱上写出二十几分钟的大乐队的曲子，简直不可思议，他是一个天才。他的前四个钢琴协奏曲，人们都不把它当成莫扎特钢琴协奏曲的名篇，后来是拿索斯唱片公司出了他的一至四，我才凑成了他一至二十七的钢琴协奏曲的全集。

拿索斯唱片公司以高质廉价征服了全世界，推动了古典音乐的欣赏和普及。但也就是十年左右热度，之后全世界就对古典音乐没有太大的兴趣了，拿索斯公司的业务也就不行了。拿索斯是什么呢？是唱片公司里的宙斯山。

这些都是我翻看资料时记下来的。我有一套近两千页的《音乐圣经》。页边儿都是黑色的，是我反复翻阅被手指头弄脏的。我现在查一些著名的音乐家，不用看目录，一下就能翻到大约的页数。但是我看书不背书，记下来的一些细节都是自然而然记住的。

# 后记

人老了，力透纸背的精液已经没有了，只剩下了斑斑尿渍。毕加索晚期的、最后一两年的情色作品，就是这样的感觉。有些艺术家从阳痿的那天开始创造力就没有了，意志垮了，精神垮了。他们的一些作品因为情色，不能被世俗容忍，甚至被耻笑为一个变态的老混蛋画的东西。

抽象主义在某种程度上是被包装出来的，尤其是波洛克这种人，他的一张画卖一两千万美金，但是他也就那几幅。他的优势是他的唯一性，就这么一个，别人不能重复，重复了没有任何意义。而且他后来的创作也被家人、被商业绑架了。他画得都要烦死了，还得硬着头皮画。看他的那种喷洒、滴淋，层层叠叠的，是有层次的，有纵深的，好像是精神的射精——这是我个人的感觉和说法。

人突然没了冲击力，剩下就是哀叹。我觉得这种哀叹也很悲壮，它绝不是一般人的哀叹，是垂暮的英雄的哀叹，是有英雄经历的末世英雄的哀叹，是创造过辉煌的人不再辉煌时的哀叹。

就像海明威的自杀，是他认为自己再也拿不出黄金时期那样有分量的作品了，觉得活着没意义了，再加上癌症的折磨。你想，他们有多么的勇敢。自杀的人是很勇敢的。我肯定不会自杀，因为我不够勇敢，我也还没有钻牛角尖钻到需要自杀的状态。

当年我严重失眠的时候有自杀倾向。二十四小时睡不着，那是生不如死的折磨，自从我用音乐解决了睡眠问题，我活得也比较轻松一点、自由一点了。我虽然还较劲，但是不让较劲变成睡眠的障碍。我较劲但不钻牛角尖。你本不是天才，你非得说我要是个天才多好，你发这个愁干吗！

我不觉得自己是天才，如果我还有点才能，更多的是因为努力。天才，就是天赋之才，是不用学习就有的素质，就像莫扎特，两岁多就能在钢琴上找旋律，六岁可以作曲，十岁就有四部钢琴协奏曲。连贝多芬都更多是学习的结果，只有莫扎特像水龙头，一拧开龙头就流水了。

梵·高不算天才，他是疯魔以后的努力，而且努力的结果包含着疯魔状态的特质，就是看东西的眼光和一般人不一样了，这让他画出了旋转的星云。

还有一个天才加勤奋的是米开朗琪罗。达·芬奇是天才，但喜欢的领域太多，完成的东西太少。巴赫是一个侍奉上帝的人，是上帝的仆人，他谦卑地为上帝服务，并不表现自我，但是他的自我深深地烙刻在他的作品里面，就是上帝的仆人的形象。他的天才比重不大，主要是虔诚加勤奋。他是音乐百科全书式的人物，开创了音乐从巴洛克到古典主义的道路。

至于我的作品里有多少大我，这个我不能说，也说不清楚，得别人来评说。我只能说，心中没有善和美，是很难有好的创作的。

关于性，就像农民说的，吃饱以后，世界上第一美事儿就是：睡觉（性交），第二美事儿：还是睡觉。这是本能的。两性的裸体形象是美中之最，而一切的美都是性之美的转移或者寄托，每个作品的完成都是一次高潮。

性，不仅仅是本能的发泄，它也可以作为一个审美对象。性欲没有出口的时候，就要找到一个出口，诸如绘画及艺术。

## 附录：我熟悉的李保田

查了一下日记，我是在1988年9月16日在中国美术馆结识李保田先生的，之后，我们的交往越来越密切，至今已有十二年了。李保田性情孤僻、深居简出，我在交际上也属于尖刻吝啬之徒，而且他长我十六岁，艺术修养、社会知名度方面，我更无法与之比肩。那么到底是什么支撑了我们这十多年的往来呢？虽然一时想不清楚，但保田艺术方面的魅力对于我的吸引，当算一个重要因素。

我研习摄影二十多年，但保田搜集的摄影资料却比我丰富许多，加之整体文化艺术修养的支撑，使他聊起摄影来也很"专业"，并能够深层面地切中要害。前两年，在研究世界级摄影大师亨利·卡蒂埃-布勒松的过程中，我曾带着一些难解的疑问找保田讨教，不想他开门便讲："你看不懂，布勒松的作品我也不全看得懂，因为其作品的内涵是建立在西方文化、知识和历史背景之下的，就像很多东方的优秀作品西方人同样看不懂一样。但有些我能看懂……"接下来他一一点评作品，话题还扩展到了东西文化差异方面。复原艺术家及其作品的文化和历史的背景，再从看得懂的延伸向看不懂的作品——以这样的方法，我终于对亨利·卡蒂埃-布勒松有所破译。后来我还写了一篇有些新意义的文章——《理解卡蒂埃-布勒松》（发表于《中国摄影》1999年第1期）。

比这类具体事情更重要的是，在李保田那里，我体察到了一个纯度很高的艺术家的精神家园及他的思想、生活的状态。他的真诚、执着、苦学和正义感，都给我留下了深刻的印象。

搞一点艺术研究，很重要的一部分工作，就是要仔细地了解艺术家——了解他们精神世界的同时，还要了解他们心理、生理方面的特征，直至了解他们创作、生活的细枝末节。只有建立在这种了解基础上的理论和批评，才不虚，才真切。与艺术气质浓厚的李保田接触，不但使我了解了他和他这类艺术家的个性，还印证了历史上出色艺术家们所具有的一些共性特征。李保田是一个非常好的、很值得研究的"艺术案例"。

说说李保田近来做的几件事情。

1999年的下半年，李保田在山东拍完电视剧《村主任李四平》归来，就一头扎进了一幅画的创作——这是他长时间构思的几幅画之一。他先要参照实物画马蹄莲的速写，于是便邀我同去玉泉营花卉市场买马蹄莲。五六天后他给我打电话，说含苞的马蹄莲根本泡不开，卖花人讲的不对，并让我帮他买一些盛开的马蹄莲。这时已是深秋，盛开的马蹄莲往往一个大的花卉市场也找不出几朵，但我还是断断续续买到了一些。每次送花，保田都兴奋地给我翻看他画的速写，有一次还到胡同口的烤鸭店吃了烤鸭。从画速写的准备阶段，保田就进入了一种几乎痴迷的状态，午饭、晚饭经常是一瓶啤酒外加土豆片、花生米。他的房间较暗，到了饭馆，光线好了，他兴奋背后的疲惫就显现了。

创作这幅画，保田前后共画了上千朵马蹄莲。我想，这个艰苦过程的真正意义，主要不在于造型准备，而是构思细化、思想深化的过程，是精神注入的过程，是花朵人化、魔化、性化的过程。就保田而言，艺术创作的过程不是快乐、平和的享受，更不是茶余饭后、附庸风雅的消闲之举，而是高度兴奋状态下的、具有快感意味的磨难；是体力、脑力、精力搅在一起的冲锋、挣扎。不管是画、木雕，还是演戏，每当他完成一次较大的创作时，都不免会把自己搞得心力交瘁，好像大病了一场。从这个意义上讲，保田应是个高质、低产的艺术家。表演方面的低产，则卡在他对剧本的挑剔。如今，金钱和时尚的诱惑，使得许多影视剧滑向了文艺垃圾场，在这一点上，李保田则是个坚守者。他看不上的剧本，不管多少钱也不接，眼看着几十万几十万的片酬像桌面上的灰尘一样被保田一一吹拂而去，起初我有些惋惜、不解，如今我只能以此来嘲笑金钱的淫威在一种意志面前的失效。

面对巨大的物质诱惑却频频说不；将自己的精神家园当作一块净土来固守；并非宗教信仰的信仰同样能够酿造心灵深处的快感；实实在在想活出一个不平庸和较深层次的"我"来……这些是我在保田那里真切看到的，对我具有不小的警醒、鞭策意义。

艺术不能被宗教吞噬，原因之一是艺术家那令上帝头疼的个性；艺术不能被哲学吞噬，原因之一是艺术家永远无法抛却童心。一次，我买到了一种南方产的、茎又粗又长、花又小又尖的马蹄莲，保田见了喜笑颜开，并给这花起了一个形象的外号叫"红缨枪"。马蹄莲泡一个多星期就会萎谢，他舍不得扔，就移到晾台的罐头瓶中，还拿进来让我看那枯干的样子。想来这些天里，马蹄莲在这昏暗拥挤的小屋中，已经成了一垄垄更迭出场的人物，他们日日夜夜到底与保田进行着怎样的交流，扮演着怎样的角色——古人？今人？仇人？友人？情人？……恐怕只有保田自己知道。

吃完烤鸭的归途，保田的表演才能被那两瓶啤酒挤了出来，他嘻嘻哈哈地边走路边用身体学马蹄莲蔫儿了的样子，那微醺、顽童般好玩的样子，令我和夫人的笑声在冷夜的胡同中飘荡。

到了2000年元月中旬，这幅画终于完成了。站在它的面前，我俩说三道四、品头论足，到后来，竟然都有点激动不已了。这是一幅线与色同样怪异的工笔重彩画。虽然画中近百枝的马蹄莲和一个羊头骨的形象都源自实物，但不论是色彩、线条、构成，还是它的总体效果，都给人以超越人世的感觉，而笼罩着这种超世感的，不是天堂里的圣光，而是阴冷、怪诞、诡秘的魍魉之气。其中的每一朵花，似乎都是梦幻中一个活生生的女人，她们同样都揣着不安分的灵魂，同样有着妖骚、引诱的倾向，但她们勾魂撩魄的同时，却又风情万种、绝无重复。她们或稚嫩，或老熟；或含蓄，或放肆；或温存，或激烈；或娇媚，或沧桑……她们的歌，她们的舞，被生与死与性的涵义编织着、统领着。

我问："没完没了地画画、做木雕，既不办展览也不出画册，干什么用？卖给收藏家吧。"

"不卖，就是有朝一日卖，也只能卖给博物馆。"

"那价钱就会低好多。"

"钱虽少，但能使更多的人看到。"

几年前，我曾问保田为何如此痴迷于艺术，他说艺术作品是他生命的延续，是他灵魂的永久的载体，有了这些作品，当肉体消亡了，灵魂就不会无家可归，就不会飘零散逝。照这样的逻辑，这幅新画作的完成，当是保田在逃避死亡、追求永生的路上又向前跋涉了一步。

画画的同时，一个不错的电视剧本就已经在李保田的手上了。这就是保田从始至终关注的《警察李"酒瓶"》（以下简称"《李》剧"）。

投资有了着落后，作为该剧艺术总监的李保田，便陷入了新一轮的"磨难"。先是与编剧、导演在一个小宾馆里一集一集地改本子。保田认为本子的基础很好，但不够"好看"。这一改就是二十多天，简直把年纪轻轻、刚刚毕业的编剧逼得走投无路。保田自己也是寝食不安，每天只能靠安眠药维持四五个小时的睡眠。改完后，保田在烤鸭店里对我说，这么多天关在房子里昏天地暗地讨论本子，简直就是一种蹂躏，弄得他不但饮食无味，心绪也很坏，想起来都有些后怕。

2000年8月底，《李》剧拍摄制作完成，几位专家看后，不仅称赞《李》剧是近些年罕见的优秀作品，还都表现出了兴奋、激动的心情。看得出，他们确实被李"酒瓶"这个小人物——被这个小人物身上充溢着的人性的真实打动了。北京电影学院表演系的齐士龙教授看完《李》剧后，还让我找一些李保田主演的其他影剧资料，以便比较。我11点30分到他家，正赶上他心脏不好卧床吸氧。本想放下东西就走，结果一下子竟聊了三个小时。聊到后来，他兴奋得不但拔掉了输氧管，还激动得坐了起来。他说《李》剧几次使他们夫妻落泪；说这是一部难得的精品，并深刻地分析、肯定了保田表演的精彩。说他的表演控制得很好；说他达到了用听得见、看得见的，表现出了听不见、看不见的境界；说看得出他在享受表演……齐老师还要把这部片子纳入他的研究生教程，还要对保田的表演进行系统的理论研究。对于我来说，这三个多小时则是一堂既深刻又好听的表演艺术课，我惋惜没有带录音机，惋惜在电影学院学习的两年里没去听这位表演系主任的课。出门后，我突然产生了一种感觉,就是齐老师聊表演与保田聊艺术时的状态、心情很是相似——同样的认真、投入、激动、有趣和深刻。一个表演艺术家,一个表演艺术理论家,其实他们两位本没有多少接触,但因为有着心性层面的某些相近,致使他们之间可能早就暗暗达成了一种毫无世俗气的神交。

与保田这么熟,本不利于欣赏他的表演,但《李》剧还是让我忘记了生活中的李保田,并随着剧情的发展而几次落泪。在这令感动枯萎的季节,加之已近不惑的年龄,还能被烂熟的朋友演的一个电视剧感动得与妻子面面相泣,实属不易。这一点在与齐士龙老师聊天时也找到了答案:大明星,观众因为你才来看电影,但看着看着就会忘记你而进入角色,这才是好的表演。有一些同样很出名的演员则到不了这种境界,不管他演什么角色,都过分表现出他的单一本色。观众喜欢他,主要不是他的演艺好,而是因为他的本色虽然单一,但却招人喜欢。这类演员一旦涉足远离他本色的角色,就注定会失败。好的表演不能完全脱离自己,否则将很容易变成技巧展示。丰富的生活经历、情感经验和深厚的学养,加之一些先天因素,最终会造就出一个人的"多元本色",它支撑着演员可以创造性地饰演多种大反差的角色,它是表演艺术家的内在基础,也是演员及表演质量的一块试金石。演村长、市长、教师、作家、警察、宰相、流浪汉、黑社会老大……李保田凭的就是这个内功。演员无法彻底逃避"一张脸"的生理局限,李保田的这张脸凭什么具有这么大的宽容度?"以一种神似掩盖了形似的不彻底性"——齐士龙的精辟回答。然而追求多元的神似,又谈何容易?

剧本不好多少钱也不接;伤了朋友也不上春节晚会;面对四五百万的广告硬挺着说不;谢绝一些重要职位的诱惑;几天内连续五次请朋友吃饭都去一个他认为好的餐馆——李保田的认真、较真着实有些烦人、恼人。《李》剧的出品人说,开始谈合作时,有人提醒她李保田不好合作。她问为什么,回答是李保田太认真。出品人听罢高兴得眼睛放光,她说认真有什么可怕的?不认真才可怕呐!

艺术虽然也追求真善美,但艺术家绝不是店小二、和事佬儿,也不能等同于传教士、慈善家,更远离亚当夏娃食禁前的完美,他们甚至不是好丈夫、好妻子、好儿子、好父母。其实越是出色的艺术家,往往越多常人难以理解的"毛病"。艺术史上不少艺术大师甚至本就是介乎正常人和疯子之间的人物。其中的一部分人还真的进了疯人院,甚至选择了自杀。然而若不是这样的一群怪人,若不是这样的一群神性与魔性强烈集于一身的人,又如何打造出艺术那探索、发现、独创、丰富、深邃、超俗、迷狂的本质魅力?保田确实深居简出、不善交际,并固守着他自己涉世、为人、从艺的原则,就是有一定共鸣基础的朋友,也都是清水之交。他不因功力择友,绝无酒肉之朋。有人因此认为他待人很"倔",做事很"绝"。其实真正与保田有过交往的人都知道,他原本是个真诚、友善、热情得都有些过度的人。他不会遮遮掩掩、虚张声势,那直截了当、喜怒形于色的劲头很像个大孩子。

就出色的艺术家及其作品风格，我曾有过山峰型、大地型之分。前者虽然不失仁爱情怀，却峭拔险峻、高昂孤傲；后者则广博亲切、承载包容。就保田的个性，我将之归于前者。但近来我感觉到，他身上大地的特质也渐渐多了一些。譬如，他不喜欢没有角色、没有作品而随随便便跑到前台亮相，但他却不反对年轻人这样做，因为他们刚刚开始，他们不知名，他们要闯路子。其实什么"山型""地型"的，许多优秀艺术家都是双重性、多重性的，而比这更重要的是，不管一个艺术家有多少具体欠缺，我们应能够从他的身上，从他的作品中体会到那种正义在胸、大善萦怀、无私无畏、超凡脱俗的浩然之气，这才是一个人，一个知识分子的根本。围绕着郭沫若、王蒙、余秋雨这类有才华、作品甚丰的人的批评争论，无非就是才子、君子之辩罢了。作为李保田的朋友，我不好说他就是个"浩然之士"，但他起码不媚俗，不贪婪，不欺世，不见利忘义，不同流合污。

保田确实不好热闹，不合群，但十多年来，我也没碰上一次他装腔作势地端名人的架子，他是个有着很强平民意识的人，他厌恶那种忸怩做作、自我感觉良好的新贵气。保田也承认大自然的可亲可爱，当我劝他应经常到公园走走，也好使身心有个调剂时，他却拒绝了，说人太多；又劝他跟我去郊外，他说厌烦出城时的堵车。早晨五十个仰卧起坐——听音乐——看书，这是保田近几年拍戏之余家中生活的主旋律。不过去年10月的一个午后，他还是与我夫妻二人走了一趟香山脚下的植物园。在我的好友、曹雪芹故居首席讲解员周铁全的引领下,保田玩得很像一个幼儿园大班的孩子。后来他几次跟我提起这次秋游很开心,说还想再去。

窦海军

# 出版说明

李保田先生的职业是教师及演员,他以塑造诸多影视角色而知名,但他说自己的一生只有三部影视作品还算说得过去——电影《菊豆》、电视剧《警察李"酒瓶"》《丑角爸爸》。至于电影《有话好好说》、电视剧《宰相刘罗锅》《神医喜来乐》《王保长新篇》等均不能算合意之作,因为这些作品与他的价值取向、艺术追求相去较远。相比于影视作品,他反倒更加看重自己的美术作品,因为美术创作所受的限制小,表达起来更加自由、自我。

他认为,缺乏自由的艺术创作很难诞生伟大的作品,更加谈不上艺术总体的辉煌。

李保田先生的美术创作完全是他的个人行为——不受审查、票房、收视率及集体创作的限制。不仅如此,因为有演戏片酬及中央戏剧学院的工资、退休金可以维持生计，使得他的美术创作连市场因素都不用顾忌，可谓纯粹自我的艺术行为。

本书是在澳门版画册《李保田作品》的基础上，编辑出版的。虽然不能反映李保田先生美术创作的全貌，却也是一次集中的呈现。对于有艺术敏感性的人，可以因此而管窥其思想情感及艺术追求之一斑。

这一批美术作品创作结束后，李保田先生中断了几年绘画创作，同时也是他静思的几年。再之后的这两年，他又沉醉于另一种内涵、风格的创作之中，且废寝忘食，经常搞得心脏不适。至于这些作品将来如何呈现于社会，自然是更加困难，但他不去考虑。

其实也没有必要去考虑，想画就画，画出来再说。作为一个艺术家，只要消解了心中之块垒，是否能够面世，全然是无所谓的事情。

活字文化